추천사

믿음이란 말이 흔해질수록, 진짜 믿음은 더 조용하고 깊어져야 한다. 이 책은 그런 신앙을 말한다. 삶의 굽이굽이에서 건져 올린 질문들을, 성경의 언어로 조심스레 풀어내며 우리를 다시 하나님 앞에 세운다. 요란하지 않아 좋고, 억지로 가르치려 들지 않아 더 마음이 간다. 신앙을 처음 묻는 이든, 오래 걸어온 이든 이 책 앞에서 잠시 멈춰 설 이유가 충분하다.

김관성 목사_ 낮은담교회 담임, 《낮은 데로 가라》 저자

간혹 낯선 미술관에 가보면 난해한 그림들이 있다. 하지만 큐레이터의 해설을 듣고 나면 새로운 인식 세계가 열리는 것을 경험할 수 있다. 내게는 이 책이 꼭 그러했다. 세상의 언어는 문제 제기는 쉽게 할지 몰라도 정답을 기대하기는 어렵다. 그러나 신앙의 언어는 정답을 알기에 정체성의 문제와 삶의 방향성에 코페르니쿠스적 혁명을 가져다줄 수 있다. 이런 의미에서 《신앙의 언어들》의 저자 이수환 목사님은 영적 큐레이터임을 자처하고 있다. 그래서 인생의 화랑을 배회하는 독자들에게 하나님의 사랑을 소개하고 싶은 것이다. 마치 사랑하면 알게 되고 알게 되면 보이나니 그때 보이는 것은 이전 것과 다르느니라는 옛 성현의 격언처럼 말이다.

김상수 목사_ 대전온누리교회 담당
《하마터면 직업목사로 살뻔했다》, 《풀타임 크리스천》 저자

챗GPT를 비롯한 21세기 인공지능과 첨단 과학의 눈부신 발전 속에서 우리는 살아가고 있다. 그러나 사색하기보다 검색하는 데 익숙해진 오늘, 우리의 영혼과 삶은 점점 메말라가고 있다. 고대 철학자들은 "나는 누구인가, 어디서 왔는가, 어디로 가는가"를 물었고, 소크라테스는 "성찰 없는 삶은 살 가치가 없다"고 했다. 키에르케고르는 인간의 실존을 하나님 앞에서 직면하라고 촉구했지만, 현대인은 이러한 질문을 덮어둔 채 바쁜 일상속에서 자신을 잃어가고 있다. 니체는 신이 죽은 시대를 선언하며 인간이 스스로 의미를 창조해야 한다고 했지만, 그 길은 결국 더 깊은 허무로 이어졌다. 인류는 오래도록 이 질문들에 답을 찾으려 애써 왔지만, 그 결론은 여전히 불완전하다. 바로 이 지점에서 《신앙의 언어들》은 철학자들이 던진 근본적인 질문에 대해 성경적이고 실천적인 해답을 제시한다. 저자는 신앙의 본질에서 출발하여, 구약과 신약 속 인물들의 삶과 메시지를 통해 믿음이 어떻게 일상속에 뿌리내려야 하는지를 보여준다. 또한 성령의 사역과 인간의 정체성, 죽음과 내세, 희망에 이르기까지, 철학과 신학이 만나는 지점에서 신앙 여정의 핵심 주제들을 깊이 탐구한다. 이 책은 신앙이 없는 이들에게는 기독교 신앙의 문을 열어 주고, 신앙이 있는 이들에게는 믿음의 뿌리를 더욱 깊게 내리게 하는 귀한 길잡이다. 인공지능으로 지식의 평준화가 이루어지는 이때, 영성·인성·이성에 깊이를 더해 줄 귀한 책이 나와 감사드린다. 각종 중독, 우울, 상처를 뒤로하고, 이 책을 통해 주님께서 우리에게 무엇을 알기를 원하시며, 어떻게 살아가기를 바라시는지 깨닫기를 소망한다.

김영한 목사_ 품는 교회 담임, Next세대Ministry 대표, 《부활 논쟁 요약》 저자

살다 보면 문득 이런 질문이 찾아온다. "나는 왜 사는 걸까? 어디로 가는 걸까?" 《신앙의 언어들》은 그런 질문 앞에 말문이 막힌 우리에게, 신앙이라는 언어로 길을 찾아주는 책이다. 신앙은 단지 믿는 것을 넘어, 우리의 삶을 해석하고 이끌어 주는 말이다. 저자는 그 신앙의 언어를 다시 배우고, 말하고, 살아 내는 법을 따뜻하면서도 깊이 있게 안내한다. 성경 속 인물들의 이야기, 오늘을 살아가는 신앙인들의 고백, 그리고 우리가 마음속에 품고 있는 근본적인 질문들까지… 이 책을 따라가다 보면, 어느새 잊고 지냈던 말들을 하나씩 다시 꺼내게 된다. 그리고 그렇게 신앙은 다시 살아나기 시작한다. 저 역시 깊은 고난 속에서 말을 잃고, 믿음을 잃을 뻔했던 시간을 지났다. 그 시간 속에서 신앙은 저를 다시 일으켜 세워 준 언어이자 숨이었다. 그래서 이 책이 들려주는 메시지가 얼마나 소중한지 누구보다 잘 알고 있다. 신앙을 처음 시작하는 분들에게도, 지쳐 있는 분들에게도, 다시 신앙을 말하고 싶은 모든 분에게 이 책을 꼭 추천한다.

김정훈 목사_
《각각 그 재능대로 맡겨주신 고난 - 달란트 비유에 관한 연구》 저자

2024년 한국리서치의 '종교인식조사'에 따르면, 종교가 없는 인구가 전체의 51%로 가장 높은 비율을 차지하고 있다. 종교를 가진 사람보다 종교가 없는 사람이 더 많은 나라가 되었다. 현대인들은 소위 '신 없는 사회'로 나가고 있다. 그렇다고 종교적인 영성이 없어진 것은 아니다. 제도적인 신앙을 거부하고 대체종교(스포츠 대중음악 사회적 유대망등)를 통해 내적인 만족을 찾고 있다. 이 책은 종교로부터 멀어진 현대인들에게 다시 종교적인 길을 찾게 하려는 노력으로 보인다. 종교적인 교리의 나열에 그치는 책이 아니라 과거의 인물과 현재의 인물, 성경 속의 인물들과 역사의 인물들을 교차하여 신앙의 흐름을 오늘로 연결하고 있다. 어두운 밤길에 등불이 필요하다. 불확실한 시대에 빛을 잃은 시대에 신앙은 우리의 희망이 될 수 있음을 제안하고 있다. 쉽고 재미있지만 학문적인 깊이도 잊지 않은 좋은 책이라는 느낌이 든다. 영적인 이야기에 관심을 읽은 사람들이 이 책을 통해 자신의 영혼을 돌아보는 기회가 되기를 바란다.

서성권 목사_ 수원탑동중앙교회 담임,《책읽는 목사들》독서 모임 회장

나는 누구인가? 어디로 가고 있는가? 모든 사람의 고민이다. 나이가 들어도 고민은 해결될 기미가 보이지 않는다. 나 자신도 버거운데 시대는 따라갈 수 없을 만큼 급변하고 있다. 인류는 발전하는데, 점차 불행해지는 모순의 시대를 살아가고 있다. 어디서도 소망을 쉬이 찾을 수 없는 시대에서 저자는 대안으로 기독교를 소개한다. 쉽고, 차분하고, 친절하게 설명한다. 교회에 처음 발을 내딛는 신자들에게 좋은 신앙안내서가 된다. 기존 신자들에게는 내가 믿는 바가 무엇인지 다시 정립하도록 돕는다. 기독교 신앙이 궁금한 이들에게 일독을 권한다.

서진교 목사_ 작은예수선교회 대표,《선한 사마리아인의 목적지》저자

　이수환 목사님의 귀한 책,《신앙의 언어들》에 추천사를 쓸 수 있게 되어 감사드린다. 저자는 성결대학교 신학 중점 객원교수이자 수지더사랑교회 담임목사이고, 헤븐커피에서 맛있는 음료를 제조하는 인문학자로서 21권의 책을 쓴 놀라운 분이다. 누군가와 친해질 때 언어가 필요하죠. 상대방이 이해하고 공감할 수 있는 언어로 다가가야 소통이 잘 된다. 이 책은 신학을 연구하고 제자들을 가르치는 목사님이 신앙이 무엇인지부터 신앙의 언어를 통해 하나님을 믿고 지금 하나님 나라를 위해 무엇을 할지 신학과 성경, 철학과 인문학을 버무려 친절히 알려주는 책이다. 몇몇 단어는 초보 신자들에게 낯설 수 있지만, 참고문헌이 보여주듯 풍부한 사례와 현실감 넘치는 예화가 인간이 어떤 존재이며 어떻게 살아야 할지 자세히 풀어주니 미리 걱정할 필요는 없다. 더위에 지쳐가는 요즘, 하나님처럼 우리를 먼저 사랑하고 기다려 주고 손 내미는 존재는 없다는 것을, 힘들어도 그분께서 주시는 희망으로 사랑해야 함을 알려준 저자에게 다시 한번 고마움을 전한다.

윤한나 작가_《나를 사로잡은 문장들》저자, 2023 세움북스 신춘문예 당선자

　저자는 성실한 신학자며 교수이자 목회자이며 일하는 목회자다. 저자의 꾸준한 연구와 삶에서 복음을 녹여내는 여정은 모든 사람에게 귀감이 된다. 이번에《신앙의 언어들》을 출간한 것을 보아도 알 수 있다. 많은 고민과 삶의 흔적이 느껴지는 책이다. 4차 혁명을 넘어 AI시대를 맞이하면서 치열한 현실을 살아가는 성도들에게 던지는 강력한 선언이다. "신앙은 지금도, 여전히, 그리고 반드시 삶을 바꾼다." 성경의 진리와 역사의 증언, 그리고 깊은 사유가 어우러져 믿음이 어떻게 영혼을 일으키고, 길 잃은 삶에 방향을 제시하는지 보여준다. 흔들리는 세대 앞에 이 책은 말한다. 신앙은 과거의 유산이 아니라, 지금도 살아 역사하는 생명의 언어라고 말이다. 이 책을 펼치는 순간, 당신은 질문하게 될 것이다. "나는 지금 어디에 서 있으며, 어떤 믿음으로 살아가고 있는가?" 진리를 갈망하고, 의미를 추구하는 이 시대 성도라면, 이 책은 더 이상 미룰 수 없는 신앙의 길잡이가 될 것이다. 나의 현재 상황과 앞으로 나아가야 할 방향을 이 책을 통하여 발견하시길 바란다.

정민교 목사_ 흰여울교회 담임, AL Ministry 대표, 《빛 가운데로 걸어가면》 저자

"나는 누구인지, 내가 어디서 왔는지, 어떻게 살아가야 하는지…?" 살아오면서 수없이 많이 질문하고 여전히 질문하고 있다. 성경 속에서 하나님을 믿는 신앙 안에서 답을 발견하고 찾아 안다고 생각했지만 어느 날 문득 또다시 질문하고 있는 '나'를 발견하게 된다. 왜 자꾸 헤매는가, 왜 자꾸 잃어버리는가, 봤더니 머릿속에 있는 답은 쉽게 사라진다는 것이었다. 신앙의 언어들은 삶이 되지 않으면 생명력을 잃는다. 신앙의 언어는 과거나 미래가 아닌 현재의 언어이기 때문이다. 이수환 목사님은 늘 공부하고 연구하며 귀한 언어들을 모아 책으로 엮으시는 분이시다. 이번에도 《신앙의 언어들》이라는 책을 쓰기 위해 헤븐커피 한쪽 테이블에 앉아 수십 잔의 커피를 마시며 애쓰셨을 모습을 상상하게 된다. 바라기는 이 책 안의 언어들이 독자들에게 닿아 그들의 삶 속에 살아있는 언어로 부활하길, 삶이 되고 생명이 되길, 그래서 각자의 진실한 신앙의 고백이 되었으면 좋겠다.

제행신 작가_《지하실에서 온 편지》, 《이런 결혼, 어때?》의 저자

믿음은 참 묘하다. 어떤 날은 단단한 반석 위에 선 것처럼 느껴지고, 또 어떤 날은 바람에 흔들리는 갈대처럼 느껴지니 말이다. 이런 감정의 기복은 신앙인이라면 누구나 겪는 자연스러운 과정이지만, 때로는 우리를 당황하게 만들기도 한다. 이런 우리에게 이수환 목사님의 《신앙의 언어들》은 흔들리지 않는 믿음의 뿌리를 내리도록 도와준다. 카페를 운영하며 사람들의 일상을 가까이에서 살피고, 신학교에서는 후배들을 가르친 학문적 경험이 책 곳곳에 스며있다. 그래서 이 책은 믿음의 선배가 차 한 잔 건네며 들려주는 따뜻한 조언 같다. 《신앙의 언어들》은 '신앙이란 무엇인가'라는 질문에서 출발한다. 또한 구약과 신약의 인물들을 통해 배우는 믿음의 모습, 성령님과 동행하는 삶, 그리고 나의 정체성과 삶의 방향까지 안내한다. 각 장을 읽어가다 보면, 성경 속 인물들의 삶이 오늘 우리의 일상과 자연스럽게 연결되는 경험을 할 수 있다. 무엇보다 이 책의 매력은 모호했던 신앙의 언어들을 내 삶의 언어가 될 수 있도록 돕는다는 점이다. 신앙의 언어가 내 삶의 언어로 표현되는 건 중요하다. 그럴 때 우리는 쉽게 휩쓸리지 않고, 나만의 보폭으로 믿음의 길을 걸어갈 수 있기 때문이다. 이 책이 신앙의 첫걸음을 내딛는 분들에게는 든든한 길잡이가 되고, 이미 믿음 안에 있는 분들에게는 더 깊고 넓은 시야를 제공하기를 기대한다.

조명신 목사_ 포항제일교회, 《성품이 좋은 사람》 저자

이수환 목사님을 처음 뵌 것은 인천복된교회에서 함께하던 시절이었다. 당시 그는 교회와 학교에서 다양한 역할을 맡아 늘 바지런히 움직이며, 젊은 열정과 따스한 언어로 성도들을 품어주었다. 그리고 20여 년이 흐른 지금, SNS를 통해 다시 만난 목사님은 예전보다 더욱 활발한 학문 연구와 집필 활동을 보여주고 계시며 그 모습에 저는 놀라움을 감출 수 없었다. 특히 이번 저서 《신앙의 언어들》은 성경에 익숙하지 않은 초신자와 평신도들도 부담 없이 읽을 수 있고, 삶에 대한 본질에 질문을 던져 신앙대로 사는 삶에 기대를 품게 한다. 특히 매슬로우의 5가지 욕구 단계를 성경적으로 풀어낸 부분은 사회복지 현장에 근무하는 나에게 매우 신선하면서도 탁월한 시도로 다가왔다. 또한 '나는 누구인가', '나는 어디로 가는가'라는 질문을 통해 인문학을 넘어 하나님 나라의 본질로 이끈 점은 깊은 울림을 주었다. 이 책은 많은 독자들이 나를 만나 주신 하나님, 나의 삶을 이끄시는 하나님에 대해 다시 한번 돌아보게 한다. 어지러운 시대 속 신앙 안에 흔들림 없이 살고자 하는 이들에게 이 책을 권하고 싶다.

황영란 대표_ 전 충청남도의원, 충남서부장애인자립생활센터장

서문

　현대인들은 과거에 상상할 수 없었던 탁월한 과학의 발전으로 인공지능이 주도하는 삶에 대한 기대에 부풀어 있습니다. 머지않아 유전공학과 첨단과학이 인류의 모든 문제를 다 해결해 줄 것이라고 상상하기도 합니다. 인간의 수명은 점점 늘어날 것이고, 두뇌의 정보를 이식함으로써 영원히 살 수 있을 거라는 기대도 합니다. 이처럼 현대인들이 장밋빛 미래를 내다보며 살고 있지만, 심리 정서적으로나 영적으로는 점점 매말라 가고 있는 것도 현실입니다. 쾌락주의를 추구하면서 삶의 의미를 찾지 못한 채 공허함을 느낀 나머지 극단적인 선택을 하는 일이 종종 발생합니다.

　나는 누구인지, 내가 어디서 왔는지, 어떻게 살아가야 하는지, 나는 지금 어디로 가고 있는가를 생각해 볼 수 있는 여유도 없이 그저 바쁘게 살아가고 있습니다. 그런데, 이러한 근본적인 질문들은 고대 철학자들만의 고민이 아니고, 현대를 살아가는 모든 사람에게 직면한 문제이기도 합니다. 그런데, 놀랍게도 인간이 근본적으로 고민하는 이러한 문제들에 대한 해답이 성경에 기록되어 있습니다. 그래서 성경을 읽으면서 자신과 하나님을 발견하고, 영적인 세계에 대한 안목이 생겨 기독교 신앙을 가지기도 합니다.

　본서에는 인간이 살아가면서 한 번쯤 고민해 보게 되는 다양한 주제를 담고 있습니다. 특히 이러한 주제를 성경적 관점으로 잘 설명해 주고 있습니다. 이 책의 앞부분에서는 신앙이 무엇인지, 성경은 어떤 책인지, 그리고 구약성경과 신약성경에 나타난 인물에 관한 언급을 하고 있습니다. 후반부에서는 나는 누구이며, 어떻게 살아가야 하는지, 우리는 어디를 향해 가고 있는지에 대한 내용으로 구성이 되어 있어서 이 시대를 사는 현대인들에게 자신을 돌아보게 하는 기회가 될 것입니다. 금번에 기독교 신앙에 대한 이해를 돕기 위해 본서가 출간된 것을 매우 기쁘게 생각합니다.

  이 세상에는 신앙이 있는 사람과 없는 사람 크게 두 부류의 사람들이 있습니다. 혹시 지금까지 신앙의 필요성을 느끼지 못한 독자가 있다면 본서를 통해 기독교 신앙이 무엇인지를 알아 갈 좋은 기회가 되리라 생각합니다. 본서가 나오기까지 고된 작업이었지만 학문과 신앙, 그리고 인격을 겸비하도록 하는 교양인이 되는데 기여할 것으로 기대합니다.

2025년 9월 수지에서

이수환

차례

추천사   1
서문   11

1장 신앙이란 무엇인가?   17
   합리적인 신앙   18
   성경이 말하는 신앙   21
   신앙대로 사는 사람들   28
   토의를 위한 질문   40
   참고문헌   41

2장 구약성경의 인물들   43
   인류의 기원, 아담   44
   형제 가인과 아벨 이야기   52
   신앙의 조상, 아브라함과 그의 가정   55
   다문화 여성들, 하갈, 다말, 라합, 룻   59
   이스라엘 왕의 출현, 다윗   64
   우울증에서 치유 받은자, 엘리야   68
   토의를 위한 질문   74
   참고문헌   75

3장 신약성경의 인물들　　　　　　　　　　77

예수님의 열두 제자　　　　　　　　　　78
예수님이 만난 병자들과 죄인들　　　　　84
예수님이 만난 여인들　　　　　　　　　86
예수님이 만난 반대자들　　　　　　　　88
고대 세계의 인물, 바울　　　　　　　　90
다문화 가정, 브리스길라와 아굴라 부부　　95
예수님을 만난 우리말 사전 후원자, 록펠러　97
예수님을 만난 한국의 슈바이처, 장기려　　99
토의를 위한 질문　　　　　　　　　　　104
참고문헌　　　　　　　　　　　　　　　105

4장 성령님은 누구신가?　　　　　　　　107

성령의 존재　　　　　　　　　　　　　108
성령의 이름　　　　　　　　　　　　　113
인간과 성령　　　　　　　　　　　　　117
토의를 위한 질문　　　　　　　　　　　128
참고문헌　　　　　　　　　　　　　　　129

5장 나는 누구인가?   131

   인간의 본질   132

   자기 정체성   134

   성경이 말하는 나의 존재   141

   토의를 위한 질문   154

   참고문헌   155

6장 나는 어디로 가는가?   157

   죽음과 내세   158

   성경이 말하는 종말   163

   희망   165

   토의를 위한 질문   182

   참고문헌   183

1장
신앙이란 무엇인가?

현대인들은 실존주의 선구자 키에르케고르(Søren A. Kierkegaard, 1813~1855)가 소크라테스의 뒤를 이어 19세기 덴마크인들에게 당부한 말대로 자신을 알아야 한다. "너 자신을 알라!"(Gnothi Seauton!) 왜냐하면 현대인들은 자신이 누구인지에 대한 깊은 성찰 없이 자신과 타인, 그리고 경험하는 세계 모두를 크게 곡해하며 진정한 자신이 아닌 다른 그 무엇이 되어서 살아가기 때문이다.

이에 본 장에서는 자아에 대한 반성을 통해서 선한 죽음을 선택한 소크라테스의 철학적인 성찰과 달리 참된 자아의 부활을 통해서 죽음을 정복한 그리스도에 대한 신앙이 무엇인지를 살펴보고자 한다.

합리적인 신앙

"너에게로 가지 않으려고 미친 듯 걸었던 그 무수한 길도 실은 네게로 향한 것이었다." 이 보석 같은 문장은 나희덕(羅喜德, 1966~) 시인의 『푸른 밤』에 나오는 내용이다. 이 시를 신앙의 관점에서 곱씹어 보면, 그동안 흔들렸던 무수한 삶의 순간이 실은 신께로 향한 것이었음을 떠올려 볼 수 있다. 삶에서 어둠 속에서 휘청거리며 걸었던 매 순간에도 우리는 바로 지금 여기로 나를 이끌어 온 내 삶의 인도자가 있으며 그가 나를 지금 여기에 두신 이유가 있다고 생각해 볼 수 있다. 그분은 언제나 그렇듯 지금도 나의 모든 삶의 경로, 즉 모든 패를 나에게 한꺼번에 다 보여 주지는 않는다. 다만 우리가 확신한 것은 나 자신에 인생의 경로 전체라는 패를 그 자신의 손에 쥐고 있다는 사실이다. 여태껏 계획하고 원했던 길을 따라 살지 못했지만 그렇다고 길을 잃었다고 생각하지는 말라. 내가 세운 계획대로 되지 않아도 앞으로의 합리적인 신앙을 가질 수 있게끔 하나님은 여전히 당신의 길을 붙들고 인도하고 계신다(잠언 20:24).

2세기 후반과 3세기 초반, 아프리카 카르타고에서 교부로 활동했던 터툴리안(Tertullianus, 155~240)은 『그리스도의 육신론』이라는 책에서 "불합리하기 때문에 나는 믿는다"(credo, quia absurdum est)라는 말을 남겼다. 신앙은 그냥 쉽게 넘어가서 받아들이기란 쉽지 않다는 것이다. 신 이신 그리스도가 육체가 되었다는 신앙은 비록 처음에는 불합리해 보이고 비이성적인 것 같이 보이나, 결국 깊이 생각하면, 그만큼 일견 당연해 보이는 것을 넘어서 도무지 거부할 수 없이 자기의 삶을 걸어볼 만큼 믿을 만한 가치가 있다는 결론에 도달한다.

이처럼 신앙은 생각하고, 추론하고, 더 나아가 상상하고 판단하는 과정을 필수적으로 가지지만 이를 넘어서 이성을 올바르게 활용하고 삶 전체의 방향성을 제공한다. 그런 의미에서 기독교는 신앙의 종교가 맞다. 기독교가 신앙의 종교라고 말하는 것은 실제로 기독교를 다른 종교와 선명하게 구별해 주기 때문이다. 기독교의 신앙과 다른 종교의 신앙은 본질상 전혀 다르다. 다른 종교에서 신앙은 구원을 얻어내는 행위를 위한 수단일 뿐으로서 구원 자체를 주지 않는다. 하지만 기독교에로의 신앙은 이성의 활용을 인도하고 삶과 행동의 방향을 제시한다는 점에서 구원의 열매 그 자체를 준다.

미션스쿨인 영국 옥스퍼드대학교의 재학 시절, 에릭 리들(Eric Liddle, 1902~1945) 학생은 신실한 신앙인이었다. 1924년 파리올림픽 100m의 가장 강력한 금메달 후보였던 그다. 영국 국민의 기대를 한 몸에 안고 올림픽에 출전했던 그다. 하지만 주 종목인 100m 경기가 일요일에 열리자 주일예배를 위해 그는 출전을 거부하였다. 일제히 영국 국민과 매스컴은 그를 비합리적 신앙인이라고 맹비난했다. 그럼에도 일요일이 아닌 평일에 리들은 주 종목이 아닌 200m에 출전해 동메달을 차지했다. 더 나아가, 아무도 그의 우승을 점치지 못했던 400m 경기에서 마침내 우승을 차지했다.

이 내용을 담은 영화가 바로 1981년에 개봉된 〈불의 전차〉(Chariots of Fire)로 스포츠 영화 중에 명작으로 꼽힌다. 그때 그는 이런 유명한 명언을 남겼다. "나는 달릴 때 하나님의 기쁨을 느낀다!"(When I run, I feel God's pleasure!) 그는 신앙을 삶 전체에서 가장 우선순위에 두어 달리면서 자신의 삶을 향한 하나님의 기쁨을 느꼈다. 하나님은 신앙으로 그분을 존중하는 사람에게 기쁨과 상급을 보장하신다.

이러한 기독교 신앙의 본질을 옥스퍼드대학교에서 22세에 분자생물학으로 박사 학위를, 2년 뒤 신학박사 학위를 받고 같은 대학교에 과학과 종교를 가르치는 알리스터 맥그래스(Alister E. McGrath) 교수의 삶에서도 엿볼 수 있다. 그는 "인생의 여정을 걸어가는 동안 우리가 사는 세상과 우리 삶에 초점을 맞추어 새롭고 선명하게 볼 수 있도록 해주는 렌즈와 같다. 심지어 여정 자체를 새롭게 볼 수 있도록 해주어 목적 없는 방황이 아니라 목표를 향하는 과정으로 여정을 생각하게 하는 것이다"라고 말했다. 신앙은 자칫 방황할 수 있는 우리 인생의 여정에서 진정한 목적을 발견하고 삶의 방향과 목표를 세울 수 있게 해주는 그 빛에서 우리의 삶을 되돌아보게 한다.

따라서 기독교의 신앙은 적어도 부분적으로 그 세계가 얼마나 위안을 주든지 간에 스스로 만든 허상의 세계에 갇히기보다는 창의적인 시각으로 변화되어 세상을 있는 그대로 볼 수 있도록 해주는 데 있다. 본질적으로 신앙은 불확실성 속에서도 하나님께서 나를 이끌어 가신다는 신뢰를 말하는 것이다. 하나님의 뜻을 다 이해할 수 없고 하나님의 의지를 다 파악할 수 없지만, 그분을 신뢰할 수 있게 되었으니 말이다. 알지 못해도 나를 전적으로 맡길 수 있는 분이 계신다는 사실이 얼마나 든든한지 모른다. 하나님이 언제나 한 걸음 앞에서 우리를 이끄셨던 성경이 말하는 신앙은 무엇일까?

성경이 말하는 신앙

구원의 유일한 조건, 신앙

하나님을 믿기 어려워하는 현대인들은 자신의 지식과 경험을 당연히 중시한다. 가슴에 심어진 하나님에 대한 느낌이 온갖 외적인 관심들로 인해 억눌려 있거나 여러 가지 매혹적인 이론들에 의해서 설명되어 버리기 때문이다. 그러한 자신감으로 현대인은 참 하나님

대신 다양한 형태의 자기들이 임의로 만든 나름에 가상의 하나님을 제조하고는 한다. 스스로 구원하는 신앙을 가지는 잘못된 확신으로는 참된 신앙을 구하려 하지도 않고 영혼의 상태를 무관심한 채로 살아가기가 쉽다. 그래서 청교도의 거장이었던 토마스 왓슨(Thomas Watson, 1620~1686)은 영혼의 무관심을 "웃으면서 지옥을 향해 걸어가는 사람들이 얼마나 많은가"라고 말할 정도였다.

신약성경에서 귀신 들린 아들을 고쳐 달라며 예수님에게 찾아온 어느 아버지의 이야기가 바로 그런 예라고 할 수 있다. 예수님은 아들을 고쳐 달라고 간청하는 그 아버지에게 신앙이 있어야 한다고 말씀하셨다. 절망적인 상태에 있었던 그때였을까 그 아버지는 큰소리로 "내가 믿습니다. 믿음 없는 나를 도와주십시오"라고 부르짖었다(마가복음 9:24). 그 아버지는 사랑하는 아들을 살리기 위해서 믿어야 하는데 믿어지지 않았다. 그래서 믿는다고 말해놓고는 믿게 해달라고 간청한 것이다.

예수님은 그 아버지의 갈등을 저버리지 않으시고 이해하시며 아들의 병을 고쳐 주셨다. 그 아버지는 아들의 병을 고쳐야 한다는 사실 하나만 확신할 뿐 나머지는 어쩔 줄을 몰랐다. 적어도 예수님은 자신을 통해 신앙을 가지게 할 수 있다고 믿었기 때문에 그런 요청에 응한 것이다. 아들의 심각한 병세가 인간이 가지고 있는 자신감이나 교만을 완전히 꺾어놓았을 것이다. 그러니 그는 물에 빠진 사람이 지푸라기라도 잡으려는 심정으로 예수님께 매달렸을 것이다. 이와 비슷하게 자기 힘으로 벗어날 수 없는 극도의 한계적인 상황에서 신앙을 가지게 된 사람이 의외로 많다. 하나님이 베푸시는 구원의 은혜는 오로지 하나님이 거저 베푸시는 은혜에 신앙으로 반응하는 자들에게만 주어진다. 하나님 나라에 참여하기 위하여 구원의 유일한 조건의 은혜를 누리기 위한 유일한 기준은 오로지 신앙뿐이다. 그만큼 신앙에 있어서 하나님의 은혜는 우리가 상상하고 있는 것보다 더 크다는 것이다.

서강대학교 철학과 명예교수로, 미국 칼빈신학교(Calvin Theological Seminary)의 철학 신학 교수인 강영안은 "신앙은 예수님의 육신으로 태어나심, 십자가 처형과 죽으심, 육신의 부활이 사람들이 보기에는 부끄럽고 어리석으며 불가능한 일로 보이지만, 그 일을 하나님은 하실 수 있기에 부끄러워하지 않고 믿을 수 있고, 확실하다고 보는 것이다"라고 하였다. 이처럼 성경이 말하는 신앙은 우리를 보는 현실을 넘어서 모든 민족을 주관하시고 영원한 생명이라는 구원을 베푸는 하나님과 그가 세워가시는 보이지 않는 하나님 나라를 바라보는 것이다.

사람을 유익하게 만드는 조건, 신앙

오늘날 신앙인들이 보여 주는 선한 일은 사람들의 삶을 아름답고 선하고 유익하게 해주는 것이다. 여기서 교회가 하는 선한 일의 의미는 단순히 도덕적 차원만 포함되는 것이 아니다. 하나님으로부터 영원한 생명의 약속을 받고 그것을 이 땅에서 누리는 신앙인들은 아직 그를 믿지 않는 세상과 그 속의 다양한 사람들에게 그 영원한 삶의 가치가 잘 드러내는 유익하고 아름다운 일을 함으로써 하나님 나라의 삶 속에 있는 아름다움과 선함의 가치를 드러내도록 부름을 받은 것이다(디도서 3:8). 이런 점에서 교회 신앙의 사람들의 공동체가 추구하는 소명은 부도덕의 선행 실천 그 이상이다. 특히 신앙의 삶은 사람들에게 보이지 않는 하나님을 보여 주고 다가오는 하나님 나라의 아름답고 선하고 아름다운 일, 즉 영원한 삶 속에서 드러나는 하나님의 사랑을 실천할 때다. 그러한 실천은 우리의 삶 밖 어디에서 특별하게 일어나는 것이 아니다. 그것은 반복되는 일상에서 매일 얼굴을 맞대고 살아가는 사람들에 대한 가족적인 사랑을 한결같이 유지하는 것을 통해서 이루어진다.

영생을 맛보는 일이 지극히 일상적 삶과 연결되는 것은 교회 안에 속한 신앙인의 하나님에 대한 영원한 삶을 향한 부르심, 즉 소명 때문이다. 신앙인은 천지의 주체이신 하나님께서 자신이 지으신 세상과 사람이 영원한 생명의 가치를 저버리고 그릇된 길을 추구하며 사망과 파멸을 추구할 때, 그들을 저버리기보다는 새롭게 하시는 분이라는 사실을 기억하며 이러한 가치를 온몸으로 드러내 보여야 한다.

안팎으로 여러 어려움을 겪고 있는 한국 사회가 한국교회에 던진 화두 중 하나는 교회의 공적인 책임이다. 즉 교회가 사회적 책임을 감당해야 한다는 것이다. 교회가 사회적 책임을 통해 드러내야 하는 것은 천지의 주재 되신 하나님이며, 그분은 자신이 지으신 세상이 부패했다고 그것을 버리시는 분이 아니라 오히려 새롭게 하시고, 결국 창세 전에 가지셨던 뜻인 신앙 안에서 그들을 영원한 생명으로 이끄시는 뜻을 이루실 분이라는 사실이다. 마찬가지로 우리 사회가 교회를 통해 세계로 하여금 아름답고 선하고 유익한 일을 맛볼 수 있고, 이를 통해서 신앙을 가지게 되면, 사회는 지금 보이는 세상이 전부가 아니라 또 다른 영원한 생명이 있는 차원의 세상이 이미 왔고 또 다가오고 있다는 신앙의 말에 귀를 기울이게 될 것이다.

신앙은 단지 개인적인 것을 예상하고 추측하거나 혹은 비합리적인 것을 맹목적으로 수용하는 것에 그치지 않고 영원한 생명이 주는 가치를 위해서 삶의 방향을 세우고 그것을 위해서 온몸과 온 마음을 맡기고 따르는 일이기 때문이다. 그 영원한 생명을 주시는 그분이 바로 그분이 바로 우리를 창조하신 하나님이시다. 하나님에 대한 이런 신앙이 사람을 그가 주시는 영원한 생명을 통해서 아름답고 선하고 유익하게 만드는 조건일 것이다.

삶이 과정의 반복이라면 신앙은 이어달리기와 같다. 계주에 참여한 모든 선수 한 사람, 한 사람이 이어 달리는 과정을 통해 완성된다. 그 과정에서 하나라도 실수하면 결과는 나오지 않는다. 이처럼 신앙도 이어달리기의 수많은 과정으로 이루어져 있다. 학문을 배우는 과정, 예배하는 과정, 말씀 묵상하는 과정, 기도하는 과정, 전도(선교)하는 과정을 이어 달리는 것이 신앙생활이다. 수많은 과정의 반복에 반복을 통해 신앙은 하나님께서 세워두신 완성을 향해 달려가는 것이다. 그리고 신앙을 통해 신앙인은 사람에게 유익한 일을 위해 최선을 다해야 할 것이다.

신앙의 길, 곧 평안의 길

미국의 심리학자 아브라함 매슬로우(Abraham H. Maslow, 1908~1970)는 인간의 본성에 대하여 "동기부여 이론"(Motivation Theory)이라고 말했다. 인간의 행동은 만족하지 못한 채 욕구를 채우는 목표로 움직인다. 욕구에 대해, 매슬로우의 주장은 첫째는 생리적인 욕구에서 안전 욕구로, 둘째는 소속과 애정의 욕구로, 셋째는 존경의 욕구로, 마지막으로 넷째는 자기실현의 욕구로 나아간다는 것이다. 인간은 일단 먹고 자고 배설하는 생리적 욕구가 충족되지 않으면 다른 어떤 가치 있는 욕구를 지향하지 못한다. 생리적인 욕구 다음으로 중요한 것은 안전에 대한 욕구이다. 이 욕구는 근본적으로 신체적이고 감정적인 위험으로부터 보호되고 안전해지기를 소원하는 욕구이다.

이러한 욕구를 구약성경에서 찾아보면, 잠언 1장 33절에서 솔로몬은 무엇보다 안심하며 살아갈 수 있는 안전의 삶을 구하고 있다. 인간은 기본적인 생리적인 욕구와 안전의 욕구가 채워지면 그다음으로 인간은 상위적인 욕구를 지향한다. 성경은 우리의 자아가 존중되고 우리의 존재가 이웃들에게 수용되고 이웃들과 더불어 누리는 기쁨의 인생을 가르쳐 평안이라고 말한다. 이러한 평안은 더는 재앙을 두려워하지 않고 비전을 찾아 떠나는 샬롬(שׁלוֹם, Shalom)의 행복이다. 잠언에서 이런 평안을 지향하는 지름길은 지혜의 말을 경청하는 것이라고 했다. 우리가 지혜의 말을 들으면 지혜는 우리를 보호하고 우리의 안전을 보장한다. 그래서 예수 그리스도는 하늘의 지혜로 성육신하신 분이셨다. 이 시대에 신앙인들은 그리스도를 주로 모시고 그분의 말을 귀 기울일 때 신앙인의 인생은 안전에서 평안으로 인도함을 받는 약속의 여행이 될 것이다.

이러한 평안의 길은 신앙의 길에서 시작된다. 신앙은 곧 기다림이라고 언급한 구약성경의 선지자가 하박국이다(하박국 2:1-4). 신앙을 강조한 하박국서의 핵심 구절은 2장 4절로 "보라 그의 마음은 교만하며 그 속에서 정직하지 못하나 의인은 그의 믿음으로 말미암아 살리라"이다. 즉 의인은 믿음으로, 곧 신앙으로 살아야 한다. 여기서 신앙의 대상인 하나님이 우리의 삶에 개입하시는 결정적인 행위는 때로는 명확히 보이지 않고 때로는 고통스러울 정도로 더디지만, 의인은, 즉 진정한 신앙인은 그의 뜻이 확실할 때나 의심스러울 때나 언제든지 신실하게 그분의 뜻을 기다리며 그 속에서 평안의 길을 찾아야 한다. 평안의 길을 걸어가는 의인에게는 신앙이 요구된다. 우리의 신앙은 우리가 하나님을 위하여 행하는 일에 있지 않다. 우리의 신앙은 하나님이 우리를 위하여 행하신 일에 있다. 그것이 신앙의 길이며, 곧 평안의 길이다.

신앙대로 사는 사람들

신약성경 가운데 복음서를 읽으면, 우리는 신앙의 선배들이었던 제자들이 나사렛 예수의 정체와 의미를 점점 깊이 이해하고 그에 따라 그분께 반응하는 것을 통해 그들의 신앙 깊이나 내용 면에 있어 더욱 성숙해지는 것을 볼 수 있다. 처음에 베드로와 안드레는 그리스도를 신뢰한다. 시간이 지남에 따라 그들의 신뢰는 그리스도에 관한 신앙에 의해 보완된다. 개인적인 신뢰는 신앙 체계에 의해 더욱 풍성해진다.

예수 그리스도는 퍼즐 맞추기 게임의 중앙에 있고, 나머지 퍼즐들은 그리스도 주변에 맞춰지는 것이다. 신앙의 대상인 예수 그리스도가 누구신지, 그분이 왜 그렇게 중요한지 설명할 때마다 제자들은 그분에 관한 자신의 신앙을 표현할 수 있는 단어들을 찾았다. 무엇보다 신앙인으로서 부활하신 예수님을 신앙으로 고백하고 살았던 대표적인 신앙의 선배들에 대하여 살펴보고자 한다.

종교개혁자, 마틴 루터

감염병으로 전 세계가 속수무책이 된 일은 100년 만에 처음이다. 1918년, 스페인 독감 감염병으로 전 세계에서 약 5,000만 명에서 1억 명이, 우리나라에서도 14만 명 넘게 사망했다. 감염병으로 얼마나 많은 사망자를 낼지는 아무도 예측하지 못한다. 이

종교개혁자 마틴 루터
(Martin Luther, 1483~1546)

또한 지나가리라는 체념 섞인 희망을 표현하나 코로나19 이후 세계의 변화에 대해서 아무도 정확하게 내다보지 못했다. 이런 의미에서 "내일 지구에 종말이 오더라도 나는 오늘 사과나무를 심겠다"라는 말은 우리가 희망을 잃지 않도록 신앙을 상기시켜 주는 말이다.

이 문장은 칼럼니스트나 정치가들, 그리고 철학을 전공하는 사람들도 이 말을 많이들 이용한다. 그리고 한결같이 네덜란드 철학자 스피노자가 이 말을 했다고들 밝힌다. 그런데 독일에서는 이 말을 종교개혁자 마틴 루터(Martin Luther, 1483~1546)의 말로 모두가 알고 있다. 루터가 고등학생 시절을 보냈던 아이제나흐 집에는 이런 기념비가 세워져 있다. 그리고 다음과 같은 내용이 새겨져 있다.

"내일 세상이 무너질 것임을 알았다고 해도 나는 오늘 나의 사과나무를 심을 것이다. - 마틴 루터"

마틴 루터의 비문

독일 사람들은 루터의 말대로 그를 기념하는 행사를 할 때마다 사과나무를 심는 일을 종종 해 왔다. 오늘날처럼, 당시 감염병 상황에서 신앙을 가진 신앙인이 어떻게 처신해야 하는지를 루터의 삶에서 비추어 알 수가 있다. 루터는 당시 모든 신앙인과 마찬가지로 감염병을 하나님의 심판으로 보았다. 하지만 그리스도를 믿는 신앙인은 불안해하거나 염려할 필요가 없다고 충고했다. 루터는 과학과 상식을 부정하지 않았다. 약품과 의술은 하나님이 사람들에게 주신 선물이기에 약을 사용하고 치료를 포기해서는 안 된다고 충고했다. 그는 감염병의 경로를 공기로 생각해서, 공기를 맑게 하고 주위 환경을 소독하며 환자와 접촉하지 않도록 격리하여 돌보아야 한다고 말했다. 심지어 당국과 국가가 병자들을 수용할 수 있는 공공 병원을 직접 운영해야 한다고 강조했다. 이것을 가능하도록 신앙인들에게 헌금을 하도록 부탁했다.

루터는 영적인 임무가 있는 성직자거나 세속적 직임을 맡은 공직자로서 사람들을 맡아 지켜야 한다면 그 사람은 감염병이 창궐하는 상황에서도 그곳에 머물러야 한다고 보았다. 사람들을 돌볼 인력이 충분하다면 그 밖의 사람들은 죽음을 피해 피신하는 것이 현명하다는 것을 루터가 의견을 내놓았다. 그러므로 그는 사람들을 돌보는 임무를 가진 사람들은 그리스도가 "우리를 위하여 목숨을 버리셨으니 우리가 이로써 사랑을 알고 우리도 형제들을 위하여 목숨을 버리는 것이 마땅하니라"(요한일서 3:16)라는 말씀처럼 위험을 무릅쓰더라도 이웃의 생명을 살려내고 돌보기 위해 끝까지 섬겨야 한다고 말했다.

1527년 비텐베르크에 감염병이 퍼지자, 다른 사람들은 모두 예나로 피신시켰으나 루터와 그의 친구 종교개혁의 동역자 요하네스 부겐하겐(Johannes Bugenhagen, 1485~1558), 그리고 대학 교목 두 사람은 비텐베르크에 남아 사람들을 돌보았다. 루터는 아브라함과 이삭과 야곱, 그리고 다윗과 엘리야와 모세를 생명이 보전하기 위하여 피신한 사람들의 예로 들었다. 이웃이 어려움을 당하면 이웃을 당연히 돌보아야 한다고 루터는 말했다. 이 세상 모든 일을 능력의 장중에 붙드시고 선하게 인도하시는 하나님을 굳게 믿으며 여전히 소망을 품은 가운데 이 땅에서 사랑하며 살아가는 이들은 "내일 세상이 무너지더라도 지구에 종말이 오더라도 나는 오늘 나의 사과나무를 심겠다"라고 말할 수 있을 것이다.

음악의 아버지, 요한 제바스티안 바흐

인류 역사상 손꼽을 만큼 아름다운 작품을 남긴 사람이 있다. 그러나 그의 생애는 말할 수 없는 고난의 연속이었다. 그가 열 살도 되기 전에 부모가 돌아가셨고, 그를 키운 형이 그

요한 제바스티안 바흐
(Johann Sebastian Bach, 1685~1750)

를 몹시 미워했다. 그는 결혼한 지 13년 만에 아내와 사별했다. 재혼한 그에게는 모두 스무 명의 자녀가 있었는데, 그중 열 명은 어려서 죽었다. 한 명은 스무 살쯤 되어 죽었고, 한 명은 지적 장애인이었다.

평생 가난하게 살았던 그는 나이 들어 시각 장애인이 되고 말았고, 뇌출혈로 쓰러져 반신불수(半身不隨)가 되었다. 이러한 상황에서도 그는 계속해서 작곡했으며, 불후의 명작들을 남겼다. 그는 자신

이 작곡한 칸타타나 오라토리오의 마지막 부분에다 항상 '오직 하나님께 영광'(Soli Deo Gloria)이라고 서명함으로써 믿음의 고백을 적었다. 그가 바로 음악의 아버지요, 교회 음악 작곡가 가운데 가장 뛰어난 요한 제바스티안 바흐(Johann Sebastian Bach, 1685~1750)이다. 이러한 바흐의 신앙을 통해 인간은 하나님의 존재를 알 수 있는 것이다.

자유대학교 설립자, 아브라함 카이퍼

네덜란드 암스테르담 자유대학교(Vrije Universiteit Amsterdam)의 설립자, 아브라함 카이퍼(Abraham Kuyper, 1837~1920)는 50년이 넘는 공직 생활로 수상, 목사, 하원과 상원 의원, 교수와 편집인 등을 지낸 화려한 이력을 가진 사람이다. 그가 저술한 200권 이상의 책은 각 분야의 베스트셀러로 이름을 올렸다.

아브라함 카이퍼
(Abraham Kuyper, 1837~1920)

딸에게 쓴 그의 편지를 보면, 그의 업적이 그냥 나온 것이 아님을 알게 된다. "나의 소명은 높고 나의 과업은 영광스러운 것이다. 내 침대 위에는 십자가상이 걸려 있는데 내가 그것을 쳐다볼 때면 매일 밤 주님이 나에게 이렇게 물으시는 것 같다. 나의 쓴 잔에 버금가는 너의 고통이 무엇이냐? 그분의 섬김은 너무나 높고 영광스러운 것이다." 그가 평생에 걸쳐 좇아간 신앙의 길은 예수님을 따르는 길이었다.

독립운동가, 백범 김구

한국인들이 가장 존경하는 인물 가운데 한 사람은 독립운동가였던 정치가 백범 김구(金九, 1876~1949)이다. 18세에 동학(東學)에 참여하여 지역 내 영향력 있는 지도자인 접주로 활약하다가 도피 시절에는 불교(佛敎) 승려가 되었다가, 27세 되던 1903년에 마침내 기독교(基督敎)로 개종했다.

백범 김구
(金九, 1876~1949)

그가 쓴 『백범일지』(白凡逸志) 중에는 이런 내용이 있다. "네 소원이 무엇이냐"하고 하나님이 내게 물으시면 나는 서슴지 않고 "내 소원은 대한 독립이오"라고 대답할 것이다. "그다음 소원은 무엇이냐" 하면 나는 또 "우리나라의 독립이오" 할 것이요. 또 "그다음 소원이 무엇이냐"라는 셋째 번 물음에도 나는 더욱 소리를 높여서 "나의 소원은 우리나라 대한의 완전한 자주독립이오"하고 대답할 것이다.

수많은 어려움과 독립운동 노선 갈등에도 하나 된 민족의 온전한 독립이라는 평생의 생각을 지켜가며 국권회복운동, 항일 독립운동, 민족 통일운동에 삶을 던지다 김구는 총탄에 쓰러졌다. 그가 총탄에 쓰러지기 몇 년 전 성결교단의 잡지『활천』(活泉)에다 다음과 같이 그의 기독교적 삶의 소신을 피력한다. "내 양심은 내 죽음을 초월하고 나라를 사랑했습니다. 내가 만일 어떤 자의 총에 맞아 죽는다면, 그것은 한 알의 밀알이 땅에 떨어져 많은 열매를 맺듯 이 나라에 많은 애국자를 일으킬 것이다."

이처럼 신앙의 선배들처럼 우리의 궁극적인 목적은 하나님 사랑과 나라 사랑, 그리고 이웃 사랑을 위해서 자신을 헌신함으로써 오직 하나님께 영광 돌리는 것이다.

평양 시민의 주치의, 윤상혁

서울에서 태어나 현재 미국 국적을 가지고 북한에 들어가 가족과 함께 사는 평양의학대학(平壤醫學大學) 윤상혁 교수는 평양 시민들의 주치의로 살아가고 있다. "2007년에 처음 중국을 통해 함경북도 나선시에 들어갔다. 어려서부터 반공교육을 받았기에 북한에 대한 두려움이 있었다. 무서움이 느껴졌다. 두만강을 따라 들어가면서 길을 안내해 주신 목사님이 아오지 탄광이 저쪽에 있다고 하셨을 때, '이제 내일 너는 저기 갈 거야'라고 느껴졌다. 두 명의 안내 지도원을 만났고, 두려움에 떨고 있었다. '저 사람

평양의학대학(平壤醫學大學) 윤상혁 교수

들, 잘 생겼다'라고 하는 아내의 말을 듣고, 정신 차리고 보니 정말 잘 생겼다. 북한 사람도 사람인 것을 처음으로 확인되었다.

첫 진료 전날에 기도할 때 '금방 낫는 환자들만 보내주세요. 열심히 치료하고 잘 낫게 해서 하나님의 영광을 나타내겠습니다'라고 기도했다. 다음 날 치료하러 갔을 때 노인들만 오셨다. 패배감으로 환자들이 보이지 않았고, 아프다는 말에 수술받아야 한다는 말이 반복되었다. 그날 밤에 주님 앞에 원망의 기도를 했다. 다음 날 어제 왔던 환자들이 증상이 좋아져서 또 치료받으러 왔다는 말을 듣고 놀랐다. 10분 걸어갈 때마다 허리가 아파서 주저앉으셔야만 했던 할아버지가 집에 갈 때 한 번도 쉬지 않고 집에 갔고, 또 치료받으러 왔다고 안내원이 말해주었다. 북한에서 치료한 첫 경험이었다. 환자 치료가 잘된다는 소문이 나서 더 힘든 환자들만 왔다.

한 할머니가 오십견이 심해서 8년 동안 팔을 못 쓰셨다. 한쪽 팔이 심해서 한쪽 팔만 쓰다가 다른 팔도 오십견이 심해져서 2cm를 들 수

가 없었다. 할머니 어깨에 팔을 대고, '주님, 믿는 자에게 나타내는 표적을 주님께서 보여 주옵소서'라고 마음속으로 기도하였다. 주님께서 평안한 마음을 주셔서, 할머니에게 치료가 되었다고 말씀드렸고, 내일 다시 오시도록 말씀드리고, 그날 저녁에 성령께서 찾아가셔서 수술해달라고 기도했다. 다음 날 할머니가 오셨는데, 어제 치료받고 더 아팠다고 하셨다. 치료하면서 팔을 할머니 어깨에 댔는데, 갑자기 내 입술에서 나도 모르게 '할머니 이제 팔 들어보세요'라고 말이 나왔다. '이게 안 들릴 건데'라는 생각이 들었는데, 할머니가 팔을 서서히 들기 시작해서서 팔이 올라갔다.

그 상황에서 살아계신 하나님의 임재하심을 모든 피부에서 느껴졌다. 북한에 들어가서 살겠다고 하면서 한 번도 '북한 땅에 하나님이 살아계시는가'라고 생각한 적이 없다. 할머니의 팔이 올라가는 광경을 보면서, '이 땅 가운데 살아계시는 하나님'이라는 말씀을 성령께서 주셨다. 살아계시는 하나님이 다시 마음에 잡히니까, 삭막하게 보이던 모습에 하나님의 아름다운 흔적들이 보이기 시작했다. 북한 땅도 하나님이 창조하신 땅이고, 북한 사람들도 하나님의 형상대로 만들어진 하나님의 사람인 것을 느끼게 해주셨다. 하나님께서 이곳에 보내신 것은 나의 힘으로 일하는 것이 아니라, 그저 순종하고 있을 때 살아계신 하나님께서 일하신다는 것을 알려주셨다. 그런 하나님을 경험하니 세상의 어떤 것과도 바꾸기 싫은 삶의 여정이 되었다."

오늘날 기독교 신앙에 적대적인 많은 나라들 가운데 의료는 사회계급을 뛰어넘어 예수 그리스도의 사랑을 전하는 길을 여는 데 있다. 그로 인해 의료선교의 우수성은 기독교 신앙에 대한 호감을 높일 수 있을 뿐 아니라 직접적인 이웃 사랑으로 나아갈 기회를 열 수 있을 것이다.

우리는 앞서 현대인에게 필요한 신앙이란 무엇인가에 대해서 살펴보았다. 신앙은 단순한 이성적인 예측이나 맹목적인 광신이 아니라 우리의 삶의 전 영역에서 우리로 하여 아직 완전히 오지 않은 영원한 삶을 현재 고대하고 누리게 하면서 그 속에서 삶의 의미와 방향을 주며 아름답고 선하며 유용한 존재로서 우리의 삶을 다른 사람에게 헌신할 수 있게 해주는 삶의 가치이다.

세계적인 신학자로 잘 알려진 미국 풀러 신학교(Fuller Theological Seminary) 신약학 교수 김세윤은 신앙의 필요성에 대하여 다음과 같이 말했다. "하나님 나라의 복음을 선포해 모든 사람으로 하여 하나님의 주권 아래 들어와서 하나님 사랑의 이중 계명으로 오는 요구를 철저히 순종하고, 아직은 종말론적인 유보 상황이지만 할 수 있는 한 하나님에 대한 헌신과 이웃에 대한 사랑을 회복하여 의가 확대되고 그래서 샬롬(평화)의 상태가 확대되도록 해야 한다. 정치, 경제 등 인간의 모든 영역에서 의와 샬롬이 확대되게 하는 것이다." 신앙은 신앙인에게 표지판과 같다. 신앙은 기독교의 본질이라고 할 수 있다.

신앙인들은 대략 신앙의 말을 단순히 신념(belief)으로서 기독교 교리의 사실로 여기거나 받아들인다. 즉 신앙을 하나의 덕목으로 여긴다는 사실이다. 기독교를 신앙하는 것은 잘 추론해 본 결과 기독교를 믿을 증거의 무게가 충분치 않은데도 무조건 받아들이라는 말이 아니다.

환상소설 『나니아 연대기』로 유명한 영국 소설가인 C. S 루이스(Clive Staples Lewis, 1898~1963)는 "신앙은 그렇게 생기지 않았다"라고 말했다. 신앙은 아무리 기분이 바뀌어도 한번 받아들인 것은 끝까지 고수하는 기술이다. 우리는 신앙의 습관을 들이기 위해 훈련해야 한다. 매일 기도하며 성경과 경건 서적을 읽고 교회에 나가는 일이 신앙인의 삶에 필수적인 이유가 바로 여기에 있다.

우리는 믿는 바를 지속성으로 상기할 필요가 있다. 가만히 내버려 두는데도 정신 속에 살아남을 수 있는 신념은 없다. 신념은 계속 북돋워 주어야 한다. 신앙은 고차원적인 것으로서 하나님과 우리의 관계를 일종의 거래로 보는 생각, 우리 편의 계약 사항을 준수할 수 있으며, 따라서 당연히 하나님께도 하나님 편의 계약 사항 준수를 요구할 권리가 있다는 생각도 깨끗이 버려야 한다. 진정한 기독교를 신앙할 때 처음 생기는 일은 그런 생각이 산산조각이 나는 것이다.

이러한 신앙은 현대인들에게 필요하다. 참 신앙은 행함의 사람이 되게 한다(야고보서 1:22). 유혹을 이기는 사람이 되게 한다(야고보서 1:2-12). 삶이 변하는 사람이 되게 한다(야고보서 1:13-18). 차별하지 않는 사람이 되게 한다(야고보서 2:1-13). 혀를 다스리는 사람이 되게 한다(야고보서 3:1-12). 지혜로운 사람이 되게 한다(야고보서 3:13-18). 싸우지 않는 사람이 되게 한다(야고보서 4:1-10). 올바른 물질의 사람이 되게 한다(야고보서 5:1-6). 인내하는 사람이 되게 한다(야고보서 5:7-12). 진리를 붙드는 사람이 되게 한다(야고보서 5:19-20).

이처럼 기독교의 신앙은 먼저 죄를 강조하며, 죄의 문제를 해결함으로써 하나님의 사랑과 진리, 즉 모든 시간을 넘어서 우리에게 언제, 어느 곳에서 삶의 힘과 의미, 그리고 의로움을 주는 영원한 생명을 얻게 해준다. 진정한 현대인의 신앙은 예수 그리스도를 만날 뿐만 아니라 그분과 함께 영원한 생명을 지금의 삶에서 얻고 누리면서 더 충만한 완성을 고대하며 바라게 해준다.

토의를 위한 질문

1. 나는 신앙을 어떻게 이해하고 있는가?

2. 성경에서 말하는 신앙에 대해서 토의해 보자.

3. 신앙으로 산 사람들 가운데 나에게 도전이 되는 인물은 누구이며, 그 이유는 무엇인가?

참고문헌

강영안. 『철학자의 신학 수업』. 서울: 복있는사람, 2021.

국민일보 2021년 10월 15일.

김기석. 『고백의 언어들』. 서울: 복있는사람, 2024.

김기현. 『하박국, 고통을 노래하다』. 서울: 복있는사람, 2016.

김도인 외 5인. 『출근길, 그 말씀』. 서울: CLC, 2019.

김세윤 외 5인. 『탐욕의 복음을 버려라』. 김형원 역. 서울: 새물결플러스, 2012.

김종두. 『키에르케고르의 실존 사상과 현대인의 자아 이해』. 서울: 새물결플러스, 2015.

김학천. 『길 위해서 만난 독립운동가』. 구리: 선율, 2021.

김현기. 『선택과 집중의 기술』. 서울: 한스미디어, 2007.

김효남. 『믿음을 말하다』. 서울: 세움북스, 2020.

박윤성. 『히브리서, 어떻게 가르칠까』. 서울: 기독신문사, 2004.

박정근. 『삶으로 드러나는 믿음』. 서울: 도서출판 디모데, 2015.

손봉호. 『나는 누구인가』. 서울: 샘터, 2018.

양명수. 『욥이 말하다』. 서울: 복있는사람, 2022.

이동원. 『묵상의 샘』. 성남: 압바암마, 2014.

이수환. 『인문학으로 기독교 톺아보기』. 서울: 세움북스, 2020.

윤상혁. 『사랑으로 길을 내다』. 서울: 두란노, 2021.

정요석. 『믿음 수업』. 군포: 도서출판 다함, 2020.

조동천. 『내 인생을 변화시킨 세 가지 질문』. 서울: 두란노, 2015.

조명신. 『흔들려도, 다시, 오늘』. 서울: 좋은씨앗, 2023.

차준희. 『열두 예언자의 영성』. 서울: 새물결플러스, 2014.

최성은. "그러면 어떻게 살 것인가?②". 「지구촌비전」 260(2021).

한국복음주의신약학회. 『때를 얻든지 못 얻든지』. 서울: 새물결플러스, 2021.

Lewis, C. S. 『순전한 기독교』. 장경철, 이종태 역. 서울: 홍성사, 2018.

McGrath, Alister E. 『십자가로 돌아가라』. 정옥배 역. 서울: 생명의말씀사, 2014.

McGrath, Alister E. 『지성의 제자도』. 노진준 역. 서울: 죠이북스, 2019.

Osborne, Larry. 『당신의 열심히 위험한 이유』. 장혜영 역. 서울: 새물결플러스, 2013.

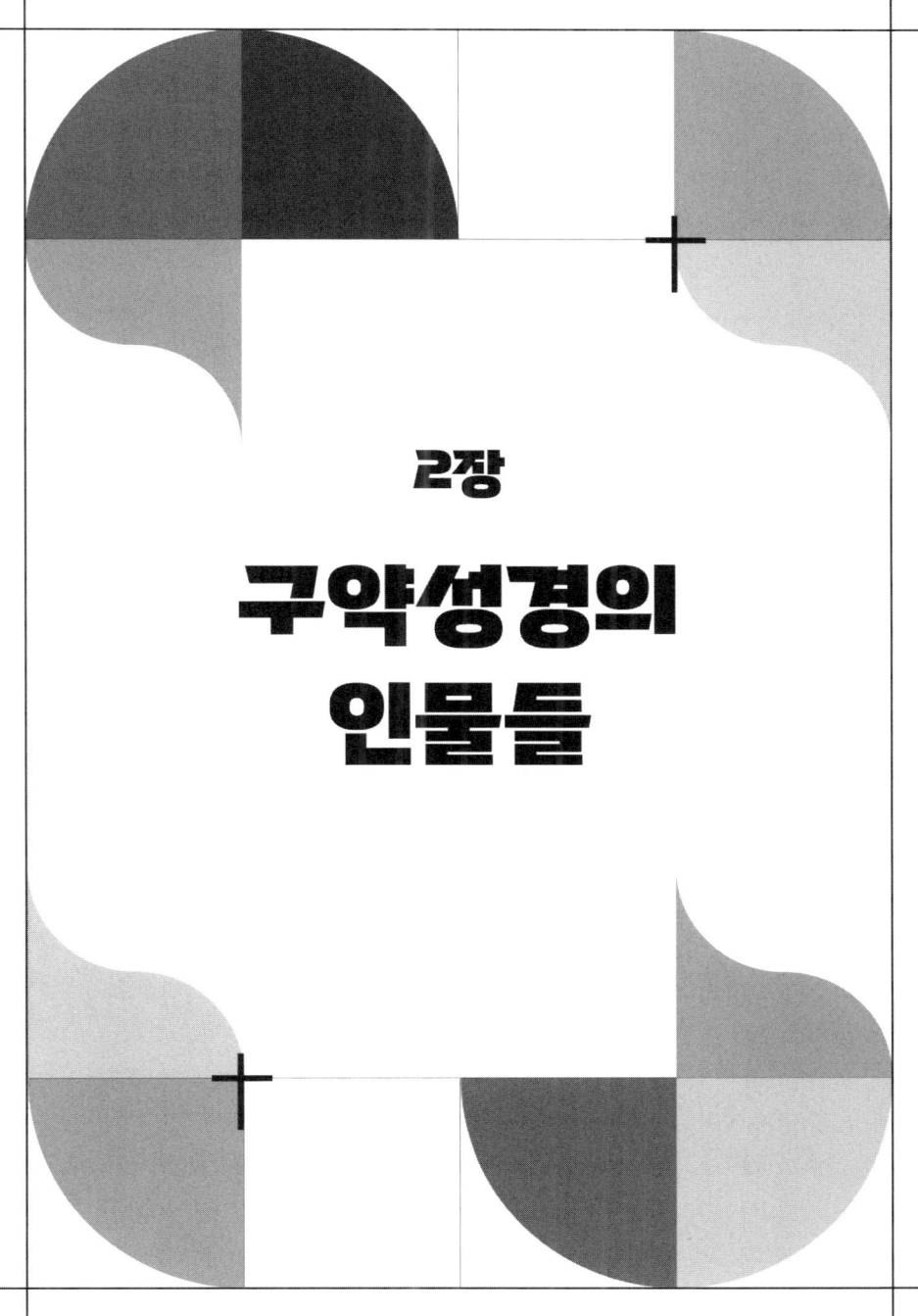

2장
구약성경의 인물들

인생을 사는 동안 우리는 늘 선택의 기로에 선다. 선택이 어떤 결과를 불러올지 알 수 없기에 그때마다 막막하고 불안하다. 우리보다 앞서 살아간 역사 속 인물들은 이미 그런 경험을 했다. 수많은 사람의 선택을 들여다보면, 어떤 길이 나의 삶을 더욱 의미 있게 할 것인지를 예측할 수 있다.

이에 본 장에서는 내가 가야 할 길을 보여주는 역사 속에서 다른 사람과의 관계 안에서, 그리고 우리라는 공동체 안에서 어떻게 행동해야 할지 알려주는 역사, 궁극적으로 한 번뿐인 인생을 어떻게 살아갈 것인지 인생의 답을 찾으려는 현대인에게 끊임없이 자문하게 하는 역사 속에서 신앙의 유익함을 발견하고 도움을 주는 구약성경의 인물들에 대해서 살펴보고자 한다.

인류의 기원, 아담

미켈란젤로의 천지창조 중 아담의 창조
(시스티나 성당)

기원의 연구로는 생물학과 지질학뿐만 아니라 생화학, 천문학, 물리학, 인류학, 신학 등 다양한 학문 분야와 관련된 것으로서 대표적인 각 학문 분야에 속한다. 지구의 역사, 생명의 기원, 생물종의 기원, 우주의 기원, 창조연대 논쟁 등 기원 논쟁에서 가장 사람들의 이목을 끄는 것은 역시 인류의 기원이다. 그 이유는 바로 우리 자신의 기원과 관련된 것이다. 성경과 신학에서 말하고 있는 인류의 기원인 아담이 누구인가?

인류의 기원에 대한 신앙인의 관심사라고 한다면, 창세기(Genesis) 초반에 등장하는 첫 사람 아담 이야기와 무관할 수 없다. 창세기는 하나님이 창조 주간 6일 동안 천지 만물을 창조하신 후에 마지막으로 인간을 자신의 형상대로 창조하셨다고 기록한다. 창세기 초반에서 인류의 기원은 두 번 등장한다(창세기 1:26-27).

> 26 하나님이 말씀하시기를 "우리가 우리의 형상을 따라서, 우리의 모양대로 사람을 만들자. 그리고 그가, 바다의 고기와 공중의 새와 땅 위에 사는 온갖 들짐승과 땅 위를 기어다니는 모든 길짐승을 다스리게 하자" 하시고, 27 하나님이 당신의 형상대로 사람을 창조하셨으니, 곧 하나님의 형상대로 사람을 창조하셨다. 하나님이 그들을 남자와 여자로 창조하셨다(새번역, 창세기 1:26-27).

인류의 기원 이야기는 구약성경에서 창세기만 국한하지 않는다. 신약성경에서도 몇 차례 등장한다. 예를 들면, 사도행전 17장 26절에서 "인류의 모든 족속을 한 혈통으로 만드사 온 땅에 살게 하시고, 그들의 연대를 정하시며 거주의 경계를 한정하셨으니"라고 말씀한다. 하지만 첫 사람 아담에 대한 사람들의 관심은 단순히 그가 인류의 기원이라는 인류학적 측면에만 있는 것이 아니라, 기독교 신앙의 가장 중심적인 구원론과 밀접하게 관련된다. 이것을 가장 잘 보여주는 성경 본문이 바로 로마서 5장 12절에서 21절까지이다. 이는 성경 전체에서 아담이 누구인지를 말해주는 가장 중심적인 구절이다.

12 그러므로 한 사람으로 말미암아 죄가 세상에 들어왔고, 또 그 죄로 말미암아 죽음이 들어온 것과 같이, 모든 사람이 죄를 지었기 때문에 죽음이 모든 사람에게 이르게 되었습니다. 13 율법이 있기 전에도 죄가 세상에 있었으나, 율법이 없을 때에는 죄가 죄로 여겨지지 않았습니다. 14 그러나 아담 시대로부터 모세 시대에 이르기까지는 아담의 범죄와 같은 죄를 짓지 않은 사람들까지도 죽음의 지배를 받았습니다. 아담은 장차 오실 분의 모형이었습니다. 15 그러나 하나님께서 은혜를 베푸실 때에 생긴 일은, 아담 한 사람이 범죄 했을 때에 생긴 일과 같지 않습니다. 한 사람의 범죄로 많은 사람이 죽었으나, 하나님의 은혜와 예수 그리스도 한 사람의 은혜로 말미암은 선물은, 많은 사람에게 더욱더 넘쳐나게 되었습니다. 16 또한, 하나님께서 주시는 선물은 한 사람의 범죄의 결과와 같지 않습니다. 한 범죄에서는 심판이 뒤따라와서 유죄 판결이 내려졌습니다마는, 많은 범죄에서는 은혜가 뒤따라와서 무죄 선언이 내려졌습니다. 17 아담 한 사람의 범죄

때문에 그 한 사람으로 말미암아 죽음이 왕노릇 하게 되었다면, 넘치는 은혜와 의의 선물을 받는 사람들은, 예수 그리스도 한 분으로 말미암아, 생명 안에서 왕노릇 하게 되리라는 것은 더욱더 확실합니다. 18 그러니 한 사람의 범죄 행위 때문에 모든 사람이 유죄판결을 받았는데, 이제는 한 사람의 의로운 행위 때문에 모든 사람이 의롭다는 인정을 받아서 생명을 얻게 되었습니다. 19 한 사람이 순종하지 않음으로 말미암아 많은 사람이 죄인으로 판정을 받았는데, 이제는 한 사람이 순종함으로 말미암아 많은 사람이 의인으로 판정을 받을 것입니다. 20 율법은 범죄를 증가시키려고 끼여 들어온 것입니다. 그러나 죄가 많은 곳에, 은혜가 더욱 넘치게 되었습니다. 21 그것은, 죄가 죽음으로 사람을 지배한 것과 같이, 은혜가 의를 통하여 사람을 지배하여, 우리 주 예수 그리스도로 말미암아 얻는 영원한 생명에 이르게 하려는 것입니다(새번역, 로마서 5:12-21).

로마서에서 바울은 아담의 지위를 "첫 사람 아담"(고린도전서 15:21-50)과 "마지막 아담"인 예수 그리스도를 대비한다. 그 외에, 바울은 아담을 하나님 앞에 범죄 한 인류의 첫 사람으로 언급한다(디모데전서 2:13-14). 구약성경에서는 호세아 6장 7절과 신약성경에서는 누가복음 3장 38절과 유다서 1장 14절에서도 인류의 기원으로 아담을 언급한다.

 인류의 기원은 인간관의 근거가 된다. 다만 이것은 학문적 관심사만이 아니라, 기독교 세계관이나 신학의 영역과도 무관하지 않다.

특히, 성경을 하나님의 계시 된 말씀이라고 믿는 신앙인이라면 인류의 기원과 관련하여 성경의 가르침을 무시할 수 없다. 성경은 과학 교과서가 아닌 것처럼, 고대 인류학이나 문화인류학 교과서도 아니다. 하지만 그러한 분야의 연구 결과가 성경의 중심적 교리들을 해석하는 데 큰 함의를 갖는 경우는 해당 분야의 학문적 성과들을 모른 체 할 수 없다.

아담에 대한 역사성을 기독교 변증가 팀 켈러(Timothy J. Keller, 1950~2023)는 "바울이 명백히 우리에게 아담과 하와를 실존 인물이라고 가르치고자 했다. 성경의 저자가 원하는 방법이 분명한데 그것을 문자 그대로 받아들이지 않는다면 성경의 권위를 이해하는 전통적 방식에서 벗어난 것이다. 아담이 실존 인물이 아니라면, 죄와 은혜는 모든 언약대로 작용한다는 바울의 주장이 통째로 무너져 버린다"라고 말했다. 역사 안에서 하나님은 활동하시고, 역사를 통해 하나님은 자신을 드러내신다.

그래서 이스라엘이 경험한 하나님을 독일 하이델베르크대학교 구약학자 폰 라트(Gerhard von Rad, 1901~1971)는 역사적인 하나님이라고 하였다. 인류의 기원인 아담의 역사성을 부정하는 것은 보편주의 유산 아래에서 자리를 찾기가 어렵다. 무엇보다 인류의 기원인 아담의 창조를 성경이 뭐라고 말하는지 살펴볼 필요가 있다.

아쉽게도 성경은 인류의 기원에 대해 매우 제한적인 언급만을 하고 있다. 아담은 실존한 역사적 인물로서 출발하였다. 성경의 권위와 영감성을 믿는 신앙인에게 아담은 하나님의 형상을 따라 창조되었다. 아담이라는 이름은 히브리어로 '아담'(אָדָם, 'adham)이라 부르며, '사람'이라는 뜻이다. 창세기 4장과 5장에서만 고유명사로서 이전에 아담은 '하아담'(הָאָדָם, ha'adam)인데 '그 사람'이다. 따라서 그가 최초의 사람인 동시에 원형적인 일반 사람으로 간주하는 것은 정당해 보인다.

  하나님이 자기의 형상대로 인간을 지으셨다는 말은 사람에게 하나님의 영이 있는 자라는 의미이다. 하나님의 영은 '생기'(生氣)이다. 성령은 '살아 있는 기운', '생명의 기운'이다. 성령 충만한 사람은 하나님으로부터 생기를 받아 그 생기로 남을 살리는 삶을 살라는 것이다. 우리는 하나님의 생기로 많은 사람을 살리는 복된 삶이, 기죽이는 삶이 아니라 기 살리는 삶이 되어야 한다. 이는 결국 하나님의 생기가 없다면, 물질적, 생물학적, 유전학적 측면만을 생각한다.

  그러면 사람은 동물들과 별반 다르지 않다. 여기서 하나님이 생기를 불어넣은 것과 사람이 생령이 된 것을 인과관계로 해석하지 않으면, 인간의 가치는 그 속에 불어 넣어진 하나님의 영 때문임을 알 수 있다. 하나님이 인간을 자기의 형상대로 인간을 지으셨다는 말은 사람이 하나님의 영이 있는 자가 되었음을 의미한다. 위로부터 받은 생기는 육체적인 존재와 동시에 영적이며 이성적이며 도덕적 존재이기도 한 것이다.

  조직신학자로서 성결대학교 초대 총장을 지낸 성기호는 "하나님께서 사람을 만드실 때는 다른 동물들을 만드신 경우와 차이가 있다. 인간을 제외한 어느 동물도 하나님의 형상으로 지음 받지 않았으나 사람만은 하나님의 형상을 따라 지으셨다. 하나님이 영(靈)이시기 때문에 하나님의 형상이란 육체의 모양이 아니라 인간 영혼의 모습을 가리킨다. 즉, 최초의 인간은 하나님의 도덕적 성품인 참되고 거룩하며, 올바르고 사랑이 넘치는 모습을 따라 영생하는 지적(知的) 존재로 지음을 받았다는 말이다. 이같이 사람에게는 다른 동물들에게 없는 영혼을 가지고 있다"라고 하였다. 그러므로 사람은 만물의 영장(靈長)이다.

인간 세계와 동물 세계가 갈라지는 지점이 있다. 인간이 그림을 그렸다는 사실이다. 프랑스의 라스코 동굴벽화나 스페인의 알타미라 동굴벽화가 유명하고, 한반도 선사 문화의 절정으로 여겨지는 울산 반구대 암각화도 그 예로 들 수 있다. 인간은 왜 사람들 눈에 띄지도 않는 동굴 깊은 곳에다 그림을 그렸을까? 여러 가지 추측이 있는데, 토템 짐승을 그린 것이라는 설도 있고, 사냥하기 전에 주술적 의미를 담아 그린 것이라는 설도 있고, 일종의 놀이 본능에서 나온 것이라는 설도 있다.

2025년 한국의 17번째 유네스코 세계유산등재
울산반구대 암각화

그 이유가 어떻든, 생각해 보면 그림을 그리는 행위야말로 인간만이 가지는 고유한 특징이라는 사실을 알 수 있다. 동굴에 들어가서 그림을 그렸던 사람들은 모델을 세워놓고 그린 것도 아니고, 찍은 사진을 보고 그린 것도 아니다. 시지각을 통해 들어온 정보를 기억했다가 재현의 추상화 작업을 해야 했다. 생략할 것은 생략하고 도드라지게 보일 것은 강조하면서 형태를 만들었을 것이다. 추상화할 수 있는 능력, 또 추상화한 것을 회화 할 수 있는 능력이야말로 인간을 인간 되게 만든 특징 가운데 하나다. 물론 짐승들도 도구를 사용하기는 한다. 껍질이 두꺼운 알을 깨기 위해 부리로 돌을 굴려 떨어뜨리는 동물이 있는가 하면, 개미굴에 풀을 깊숙이 찔러 넣어 개미를 잡아먹는 동물도 있다. 그러나 오직 인간만이 필요에 따라서 도구를 제작한다. 그 외에, 예술적 재능으로는 미술, 음악, 건축, 문학 등을 포괄한다.

  인간은 무엇인가를 표현하려는 존재다. 인간은 죽음의 문제까지도 진지하게 여기는 존재다. 모든 생명체가 직면할 수밖에 없는 자연스러운 과정이 죽음이지만, 오직 인간만이 죽음을 문제 삼는 존재다. 따라서 인류의 기원인 아담에 대하여 신앙인은 과학을 두려워할 이유가 없고, 도리어 이성적 노력을 응원해야 하지만 과학이라는 허울 밑에서 은밀한 이데올로기가 만들어지는 것은 경계해야 한다. 신앙의 이름으로 과학을 재단하려는 것도 문제이지만 과학의 이름으로 틀린 신앙을 주장하는 것을 분별하는 지혜와 혜안은 필요할 것이다.

형제 가인과 아벨 이야기

성경은 단순히 하나님에 관한 이야기만 아니라, 오히려 하나님이 창조하신 인간에 관한 깊이 있는 이야기이기도 하다. "나는 누구인가", "나는 어떻게 살아야 하는가"와 같은 인간의 근본적인 질문은 결국 "하나님은 누구인가", "하나님이 나에게 요구하는 것은 무엇인가"라는 질문과 연결된다. 하나님을 아는 것이 곧 자신을 아는 것이라는 통찰은 인간 존재의 의미와 목적이 창조주 하나님과의 관계 속에서 발견됨을 시사한다. 결국 신학은 인간을 이해하는 데 필수적인 인간학의 관점을 포함한다. 이 세상과 인간을 지으시고 지금도 역사 한가운데서 구원의 역사를 이끄시는 하나님을 만나면 그 인생은 방황하지 않고 순항할 수 있다.

인생의 진정한 내비게이션을 찾은 한 사람과 그렇지 않은 한 사람의 이야기가 있다. 아담과 하와가 에덴동산에서 쫓겨나 낳은 인류 최초의 형제인 두 아들이다. 가인은 첫아들로 농부라서 땅에서 난 곡식을 하나님께 제물로 드렸다. 둘째 아들 아벨은 양을 치는 목동으로 기르던 양 떼 중에서 그 첫 새끼와 기름을 골라 정성껏 드렸다. 그런데 하나님께서는 아벨의 제물은 기쁘게 받으셨고, 가인의 제물은 받지 않으셨다.

전통적인 해석에 따르면, 하나님께서 가인의 제물을 받지 않으신 이유를 가인과 아벨이 드린 제물의 종류에 있다. 그 이유로 피에는 생명이 있고, 피가 죄를 속하기 때문이다(레 17:11). 하나님은 피 흘림

이 없는 가인의 제물보다는 피의 제물인 아벨의 걸을 받으셨다는 것이다. 이것이 사실이라면 농부인 가인에게는 너무나도 불공평한 것일 수 있다. 사실 인간은 왜 하나님이 제물을 받지 않으셨는가를 물을 자격이 없다. 그것은 전적으로 하나님의 일이기 때문이다. 하나님께서 문제로 삼는 것은 가인의 제물 자체가 아니라 가인이 고개를 떨어뜨리고 몹시 화가 나 있는 태도였다(창세기 4:7).

> 네가 올바른 일을 하였다면, 어찌하여 얼굴빛이 달라지느냐? 네가 올바르지 못한 일을 하였으니, 죄가 너의 문에 도사리고 앉아서, 너를 지배하려고 한다. 너는 그 죄를 잘 다스려야 한다"(새번역, 창세기 4:7).

하나님께서는 결정하신 일의 결과를 놓고 왈가왈부하거나 감히 받아들이지 않는 가인의 태도에 문제가 있다. 아벨은 믿음으로 가인보다 나은 제물을 하나님께 바쳤기 때문이다(히브리서 11:4). 하나님은 아벨의 믿음의 제물을 받으셨다고 보고 있다. 그리고 문제는 하나님이 제물 그 자체보다는 제물을 드리는 자의 삶을 먼저 살피신다. 하나님 앞에 나오기 이전 세상 속에서의 가인의 삶이 문제가 있었다. 그것은 "네가 올바른 일을 하였다면, 어찌하여 얼굴빛이 달라지느냐"(창세기 4:7)라는 말씀에서 하나님은 가인의 제물보다 그 제물을 바치는 사람인 가인의 삶을 중요하게 생각하신 것이다. 하나님께서 원하시는 것은 하나님 앞에서 드려지는 제물 자체가 아니다. 하나님이 주목하시는 것은 하나님 앞에 오기 전까지의 삶이다. 일상에서의 삶이 선한 삶이면 하나님은 그 사람과 그의 제물을 받으신다.

하나님께서 자신의 제물을 받지 않으시자 가인은 몹시 분하여 얼굴빛이 변했다. 가인은 하나님의 경고를 무시하고, 동생 아벨을 들로 유인하여 잔인하게 죽였다. 이로써 가인은 인류 최초의 살인자가 되었다. 하나님께서 가인에게 "네 아우 아벨이 어디 있느냐"고 물으시자, 가인은 "제가 아우를 지키는 자입니까"라고 거짓말을 한다. 하나님은 아벨의 피가 땅에서 자신에게 부르짖고 있음을 아시고, 가인에게 벌을 내리신다.

가인은 땅에서 저주받아 더 이상 농사를 지어도 소출을 얻지 못하고, 땅 위에서 정처 없이 떠돌아다니는 신세가 되었다. 가인은 자신을 만나는 사람들이 자신을 죽일까 봐 두려워했다. 본디 인간은 약자를 돌보고 지켜야 하는 의무가 있다(신명기 15:7-11, 잠언 14:31). 자신보다 약한 자를 돌보고 지키는 것을 모든 사람에게 주어진 창조 질서이며 의무이다.

동생 아벨은 형보다 약자라고 한다면, 형에게는 장자의 상속권과 축복권이 주어졌다(창세기 27:36). 그러니 힘 있는 형은 힘없는 동생을 지켜야 한다. 형 가인은 아우 아벨을 지키는 자다. 이러한 책임을 회피하고 약자에 대해 무관심한 오늘날의 우리를 향해서도 하나님께서는 여전히 "네 아우 아벨이 어디 있느냐"라고 묻고 계신다. 이는 우리가 약자에 대한 우리의 책임을 다하고 있는지 성찰하게 하는 강력한 질문이다.

신앙의 조상, 아브라함과 그의 가정

　기독교와 유대교, 그리고 이슬람교의 역사에서 가장 큰 인물은 아브라함을 꼽는다. 기독교는 아브라함을 신앙의 조상으로 부른다. 하나님은 메소포타미아 남부지역인 갈대아 우르에 살았던 그를 부르서서 구원의 계획을 위해 선택하셨다. 창세기 12장에 의하면, 아브라함을 부르셔서 갈대아 우르를 떠나 지시할 땅으로 가라고 하신다. 하나님이 아브라함을 부르셨을 당시에 그는 많은 것을 다 가진 사람이다. 그런 그가 신앙의 조상일까? 그렇지 않은 것이 아브라함은 별 볼 일 없는 무명의 사람이었고, 그런 아브라함을 불러 하나님은 "네 이름을 창대하게 하리라 너는 복이 될지라"고 말씀하신다.

　하나님의 부르심에 아브라함의 배경은 본토, 친척, 아비, 집을 떠나는 이주민의 나그네 여정이었다. 당시 하나님은 아브라함에게 그가 이방 지역에서 객이 되어 그들을 400년간 섬기며 고생하게 될 것을 예언으로 말씀하셨다(창세기 15:13). 그것은 다름 아닌 하나님이 그들뿐만 아니라 세상의 열방도 사랑하셔서 그들을 통해 자신을 나타낼 것을 시사해 준다. 농사는커녕 목축하기에도 어려운 가나안 지역 헤브론(해발 927미터)에서 사랑하는 아내 사라가 죽었다. 그곳에서 20년 이상 거주했던 그때, 아브라함은 헷 족속에게 매장지를 부탁했고, 자신을 "나그네로서 우거하는 자"라고 하였다(창세기 23:4). 가나안에서 나그네였던 아브라함은 목축업을 도모하였고, 하나님의 축복으로 육축과 은금을 풍부하게 소유하였다(창세기 13:2). 오늘날로 말해, 그는 성공한 이주민이었다. 아브라함을 선택한 하나님의 목적은 세계 민족에게 복의 근원이 되게 하기 위한 것이다.

다음은 아브라함의 아들 이삭의 생애도 흉년이 들자 블레셋(팔레스타인) 땅으로 가서 오늘날처럼 이주민으로 살았다. 이후 그는 그랄 땅으로 이주한 이주민의 삶이었다. 아브라함 이후, 이삭과 야곱으로 이어지는 족장들의 역사는 이주민의 역사이기도 하다. 아울러 아브라함의 큰아들 이스마엘까지도 아브라함의 본 가에서 떠나 광야에서 거주했던 힘든 이주민의 삶을 살았다(창세기 21:14-21). 그다음으로, 이삭의 아들 야곱은 형 에서와 심한 갈등으로 인해 어머니 리브가의 권유로 삼촌 라반이 사는 밧단아람으로 떠났다. 그의 이주민 생활은 무려 20년이나 지속되었다(창세기 31:41). 그는 삼촌으로부터 10번의 품삯을 제대로 받지 못하고, 오랫동안 힘든 이주민 노동자로 살았다.

야곱의 열두 아들 가운데 요셉은 족장 시대의 마지막 인물이다. 그는 나그네로서 가장 극한 상황을 체험하였다. 일찍부터 그는 형들로부터 억울한 일을 당하면서 미디안의 상인들에게 노예로 팔려 갔다. 그곳

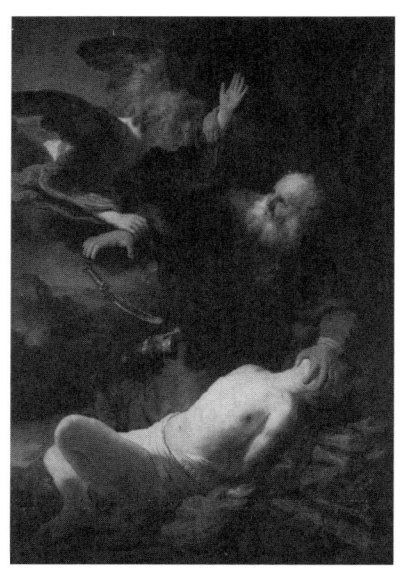

빛의 화가 렘브란트의 '아브라함의 제사'
(1635년)

은 전혀 다른 문화 애굽으로 시위 대장 보디발의 집에서 노예로 살았다. 보디발의 아내 사건으로, 그는 감옥 생활을 시작하였다. 그러나 거기서 바로 왕의 신하들의 꿈을 해석해 주는 일로 인해 그는 후에 바로 왕의 꿈까지 해석해 줌으로써 총리가 되었다. 오늘날로 말해 외국인 이주민으로서 그는 크게 성공한 인물이다.

사실 아브라함의 가정은 이주민 이야기로 또한 신앙의 사람으로서 하나님이 함께하시는 새로운 현실을 보고, 신앙으로 그 미래를 열기 위해 한발 한발 내디딜수 있었다. 신앙인의 사명을 감당하는 것은 인간의 의무감도 중요하지만, 더욱 중요한 것은 아브라함 가정이 끊임없이 하나님과 예배함, 하나님과 친밀함, 하나님과 친구 됨을 선택했던 것처럼, 사람들과 평화하였다. 이처럼 하나님은 직접적으로 일상에서 역사의 모든 일을 계획하고 이루는 데 아브라함을 포함해서 4대까지 가정을 사용하였다. 지금 우리가 아브라함을 신앙의 조상이라 부르는 것은 신앙과 순종 때문이다. 앞으로도 아브라함이라는 이름은 인류의 역사에서 영원히 기억될 것이다.

지구상에는 아브라함의 후손이라 자처하는 사람이 20억 명 이상이다. 그들은 모두 아브라함을 통해서 복을 받고 믿음을 갖게 된 사람들이다. 아브라함은 하나님의 약속대로 존재 그 자체로 복이 되었다. 아브라함이 일생 남긴 것은 미미하였다. 하지만 그는 신앙으로 하나님을 따랐고, 하나님은 신실하게 자신의 언약을 역사 속에서 성취하셨다. 이것이 바로 신앙의 세계이다. 신앙의 세계는 우리의 시간으로 우리가 바라보는 현상계로 가늠할 수 없다. 그러므로 신앙은 보이지 않는 것의 실상이다. 하나님의 약속을 신앙으로 붙들 때 우리는 이전과 차원이 다른 인생을 살게 된다. 이것이 하나님의 구원 역사를 경험했던 구약성경의 사람들 가운데 아브라함과 그의 가정이다.

　어떤 사람이 죽어서 황금을 소중하게 싸서 천국에 갔다. 천사가 손에 든 것이 무엇이냐 물었다. 그러자 천사가 땅을 가리키며 "네가 서 있는 길을 보라"고 하였다. 놀랍게도 사방이 황금길이었다. 그가 오른쪽 호주머니를 뒤져 다이아몬드 3캐럿을 꺼내 들자 천사가 문고리를 가리켰다. 문고리 하나가 3천 캐럿짜리 다이아몬드로 되어 있었다. 사람은 길어야 백 세 인생이다. 하나님 나라의 삶과 비교하면 나그네 같은 인생일 뿐이다. 하나님 나라를 소망하는 신앙의 사람은 남이 갖고 있는 황금과 다이아몬드에 마음을 뺏기지 않는다. 그들은 매번 남과 비교해서 매 순간 자신을 불행하게 만들지 않는다. 그들은 이 땅의 숱한 삶이 불쌍하고 안타까울 따름이다. 독기를 잔뜩 품고 아등바등 살아가는 이 땅의 삶이 참으로 안됐다.

　구약성경을 대표하는 신앙의 인물, 아브라함은 하나님의 약속에서 이 놀라운 비밀을 발견한 사람이다. 신앙인은 복 있는 사람이 되어야 한다. 성경이 말하는 복을 누리는 사람이 되어야 한다. 그렇지 않으면 평생 가짜 복만 쫓다가 인생이 마치게 된다. 신앙인은 진짜 복음을 소유한 진짜 신앙이어야 한다. 모든 인류를 복되게 살도록 하나님은 아브라함을 세상에서 불러내셨다. 우리 자신이 복이라는 사실이야말로 가장 복된 소식이다. 이 복된 소식을 전하는 것이 신앙인의 사명이다. 우리는 더 이상 이 세상의 복에 목마르지 않아야 한다. 진짜 복을 구하는 바른 신앙인이 세워지지 않으면 나라와 사회가 그리고 교회는 더는 희망이 없다. 참된 신앙인이 희망이 되지 않으면 어디에도 희망을 찾을 수 없다. 성경에 있는 대로, 하나님이 원하신 대로, 하나님이 아브라함과 그의 가정처럼, 우리에게 복 주고 싶어 하시는 대로 살아가는 신앙인이 되어야 할 것이다.

다문화 여성들, 하갈, 다말, 라합, 룻

신앙의 선택은 남녀의 차이가 없다. 지금도 한국 교회 안에서 주님을 섬기는 귀한 여성들처럼 신실한 여성들의 이야기가 성경에도 나타난다. 성경을 읽으면, 대부분 남성을 보게 된다. 성경 당시에 기록된 다른 문서들에는 여성이 거의 등장하지 않고, 여성이 유의미한 역할을 하는 경우도 거의 없다.

그런데 성경은 그런 고대 문서들에 비해 등장하는 여성에 대한 기록이 많은 편이다. 특히, 본이 될 만한 여성의 이야기들이다. 이들은 남성보다 훨씬 훌륭한 여성들에 대한 기록이다. 이 인물들과 함께 신앙인은 이 땅에서 어떻게 살았는지, 나와 우리 가정, 우리 교회가 어떤 모습으로 살아야 하는지를 구체적인 실제를 보여준다. 사실 구약성경은 다문화 이주민 여성들의 이야기를 담아내고 있다. 이들은 오늘날 신앙인들에게 교훈을 준다.

첫째, 하갈이다. 지금까지 기독교는 늘 아브라함과 그의 아내 사라에게서 난 유일한 아들 이삭만을 이야기했다. 그에게서 이어진 자손들을 지지했다. 이삭보다 먼저 태어난 인물 이스마엘과 그의 어머니 하갈에 대해서는 그리 관심을 두지도 주목하지도 않았다. 대부분 성경 주석학자는 아브라함 이야기에서 불필요한 것으로 여겨왔다. 결과적으로, 아브라함의 이야기에서 이스마엘은 거의 연구 대상에 두지 않았다. 그러나 이스마엘도 아브라함의 아들로 이슬람 전승에서는 주요한 기원이 된다. 성경에서 처음 여성 하와 이후로 여성의 역할은 주로 집안에 한정되었다. 남성중심적인 사회의 한 모습으로 여성은 결혼해 남편 집안의 대를 이어야 했다. 그런 의미에서 아들을 낳는 것은 매우 중요했다. 성경 곳곳에 아이를 낳지 못해 힘들어했던 여성들로 리브가, 라엘, 삼손의 어머니, 한나, 신약의 엘리사벳이 등장한다. 신앙의 조상이라는 칭호와 무관하게 행동했던 아브라함은 하나님이 주시겠다고 한 자손에 대한 약속을 저버리고 여종 하갈에게서 아이를 낳은 실수를 하였다. 신앙의 사람도 때로는 실수하게 마련이다.

하갈은 여성과 외국인, 그리고 종으로 이스라엘 땅에서 살아가기가 어려운 조건을 갖추고 있었다. 하갈의 이야기는 창세기 16장과 21장에 광야에서의 모습과 하나님의 사자를 만난 사건이 반복해서 나타난다. 임신하고 주인 사라의 멸시를 견디지 못하고 광야로 도망친 것과 아들 이스마엘이 성장해서 광야로 쫓겨난 것이다. 하갈은 어떤 신에게도 도움을 요청하지 않았다. 그러나 하나님의 사자는 하갈을 만나 주셨다(창세기 16:7-11).

하갈의 위치는 하나님을 만남으로 달라졌다. 구체적으로 "큰 민족을 이루게 하리라"라는 하나님의 말씀이 이루어졌다. 하갈은 하나님의 이름을 짓는 당당함을 보여준다. 그녀가 명명한 이름대로 그녀에게서 약속되었으며, 이스마엘을 통해 성취되는 모습을 볼 수 있다. 하나님은 오늘날에도 억압받고 소외된 이들에게 소외나 또 다른 차별이 아닌 하갈을 부르시고 위로하신다. 이스라엘 땅에서 이주민으로서 하갈은 차별하지 않으시고 따뜻하게 이름을 불러 주신 하나님을 믿으며 자기의 삶을 지켜나갈 수 있었다.

둘째, 다말이다. 창세기 18장에 등장하는 다말은 가나안 여인으로 유다의 첫째 아들 엘과 결혼한 다문화 이주민 여성이다. 하갈의 경우와 달리 다말은 시아버지 유다와 관계를 맺음으로 상속자를 얻고, 남편 가문의 대를 이은 여성이다. 자신의 정체성을 찾으려고 노력하고 이를 인정받은 사람이다. 다말은 장차 후에 예수 그리스도의 족보에 들어가는 영예를 얻었다. 남편 엘이 하나님의 목전에 악하므로 죽임을 당하고, 시동생 오난도 그렇게 되었다. 그때 그 밑에 셀라가 장성할 때까지 아비 집에 돌아가 수절하고 기다리라는 시아버지 유대의 말에 순종했다. 그러나 셀라가 장성했어도 자신을 그의 아내로 주지 않아 창녀의 모습을 하고 시아버지와 관계한 것이다. 시아버지와 불륜 관계를 통해 두 아들, 베레스와 세라가 태어났다. 그중에 베레스를 통해 후에 다윗을 비롯한 왕이 태어났으며, 예수 그리스도께서 태어나셨다. 결국, 유다나 다말이 예수 그리스도의 조상이 된 것이다. 이것은 어떤 선행이 아니라 하나님의 선하신 뜻에 의한 것이다. 어떤 이방인이나 죄인도 구원의 대상에서 제외되지 않는다는 복음의 메시지를 읽게 해 준다.

셋째, 라합이다. 라합의 직업은 기생이다. 성경 원어가 말하는 그녀의 직업은 창녀였다. 그녀는 아버지와 다른 가족과 함께 살았다(여호수아 6:25). 그녀의 주된 고객은 여리고 사람들보다 외지인들이었다. 모세의 뒤를 이어 이스라엘 지도자가 된 여호수아는 가나안의 여리고 성 정복을 위하여 정탐꾼을 파송했다(여호수아 2, 6장). 정탐꾼들은 기생으로 여리고에 살았던 라합을 만나 보호받았다. 하나님에 대한 신앙을 가졌던 라합은 정탐꾼을 숨겨 주고 도망하도록 도움을 주었다.

바알 신을 섬기는 가나안 사람이었던 라합은 자기 민족을 배신했던 이유로 자신이 부양하고 있는 가족을 살리기 위한 것이었으나 하나님만이 참된 신인 것을 믿었던 신앙인이었기 때문이다(여호수아 2:8-11). 이방 여인이었던 라합의 신앙적 회자는 신약성경의 히브리서 11장 31절에서까지 신앙의 선진들 반열에 넣고 있다. 이주민 여성으로 천한 신분이었지만 하나님은 그녀의 신앙을 보시고 가족까지 구원해 주셨다. 당시 이주민 여성이었던 라합의 이야기는 오늘날 가족을 위해 희생하는 이 땅의 이주민 여성들을 생각하게 해 준다.

넷째, 룻이다. 룻기의 주인공인 두 여인 나오미와 룻은 궁핍한 과부였던 다문화 이주민의 인생에서 하나님의 은총을 받은 인생으로 변화된 내용을 다루고 있다. 룻기 1장에는 흉년으로 유다 베들레헴에서 모압으로 이주한 엘리멜렉이 죽고 아내 나오미가 두 아들 말론과 기룐을 모압 여인과 결혼시키는 이야기가 나온다. 외국에서 다문화 이주민 가정을 이룬 것이다. 두 아들을 잃은 불행이 찾아온 나오미는 두 자부가 각기 자기 고향으로 돌아갈 것을 권유했다. 그러자 첫 번째 자부는 울며 시모에게 입을 맞추고 돌아갔으며, 둘째 자부인 룻은 시어머니를 따라 남편의 고향 베들레헴으로 따라와 나오미의 친족 보아스를 만나 결혼하게 된다.

보아스는 룻의 '기업 무를 자'가 되어 그녀의 든든한 보호자가 되어주었다. 그것뿐 아니라(룻기 3:9), 결국 그녀의 남편이 되어 다윗 왕의 할아버지인 오벳을 낳았다(룻기 4:17). 다문화 이주민으로 보아스는 예수님의 족보에 들어가게 되었다. 하나님은 '궁핍한 과부들'로 가장 처참한 삶을 살았던 이주민들을 보호하여 구원 역사의 위대한 사람들로 만드셨다. 특히, 이스라엘의 적이었던 모압 여인을 이스라엘 민족의 일원으로 받아들여 다윗 왕 고조모가 되게 한 그 사건으로 다문화 이주민을 자기 백성 삼으신 하나님의 사랑을 엿볼 수 있다.

실로 하나님은 가난한 자의 하나님이요(레위기 23:22), 소외되고 약한 자의 보호자가 되셨다(잠언 22:22). 다문화 이주민 여성이었던 룻의 이야기는 그의 시모를 섬김과 동시에 나이 많은 남편을 섬긴 것, 그의 남편 보아스의 룻에 대한 배려와 사랑은 오늘날 다문화 이주민 가정의 다시 없는 좋은 본보기가 될 사례다. 따라서 구약성경의 인물들 가운데, 다문화 여성들인 하갈, 다말, 라합, 룻처럼 어려운 가족을 위해 언어와 문화가 다른 배경을 가지고 한국 사회에 이주해

온 이주민 여성들이 복음을 듣고, 신앙을 갖는 것은 얼마나 중요한지 모른다.

이스라엘 왕의 출현, 다윗

영화 〈글래디에이터〉(GLADIATOR, 2000년)는 아주 인상 깊은 영화로 많은 사람에게 남아 있다. 주인공 막시무스가 로마의 원정경기장에서 싸우는 장면은 얼마나 멋있는지 모른다. 전장에서 장군이 군사들을 지휘하는 모습은 대게 두 가지 유형이다. 하나는 자기는 뒤에 있으면서 군사들만 앞으로 나가도록 공격하고 외치는 유형이다. 또 하나는 솔선수범형이다. 나를 따르라며 자기가 먼저 앞으로 나가는 유형이다. 그런데 이 영화의 첫 장면에 나오는 막시무스는 또 다른 모습을 보여준다. 그는 말을 타고 싸우면서 군인들을 이끌며 이렇게 말한다. "Stay with me."(나와 함께 있으라). 그 장면은 굉장히 의미 있는 리더십의 모습이라 하겠다. 리더를 성공한 사람, 출세한 사람으로 생각은 오해다. 우리는 성공한 사람이 리더라고 생각한다. 하지만 성공하고 출세하고도 사람들의 마음을 얻지 못하고 오히려 부정적인 영향력을 끼치며 변화를 줄 수 없다면 그가 과연 리더일까?

유명한 영화만큼이나 많은 설교자가 설교에 인용할 만큼 신앙인에게도 큰 인기를 끄는 인물이 이스라엘의 왕 다윗이다. 하나님의 사랑과 은혜를 한 몸에 받은 리더로 40년 동안 이스라엘을 다스렸던 왕이 다윗이다. 특히, 구약성경에 등장하는 인물로서 사무엘 상하권에 그의 생애를 다루고 있다. 많은 시를 지은 시편의 시인이기도 한, 그는 아마도 성경에서 분량을 따지면 모세 다음일 것이다. 어린 목동 다윗이 장수 골리앗을 쓰러뜨린 사건은 미술가들의 단골 소재였다. 특히 미켈란젤로의 〈다윗〉 상은 완벽한 인간으로서 다윗을 형상화하였다. 다윗은 모든 면에서 완벽한 인물 같으나 사실 역사의 다윗에 대해서는 학자마다 의견이 분분하다.

지금도 유대인이 가장 사랑하는 성경 인물이 그다. 그런데 다윗 인생의 어두운 면을 보면 실패한 인생이라는 생각에 실망스럽다. 충직한 부하의 아내와 간음하고 그것이 탄로 날까 두려워 그 부하를 살해했던 사람이 다윗이다. 다윗은 자식 교육에 실패해서 아들들 간에 살육전이 벌어지기도 했다. 아들 중 하나가 반란을 일으킴으로 예루살렘에서 쫓겨나는 신세가 되기도 했다. 그의 가정사는 패륜적이며 아주 복잡하다. 그럼에도 하나님은 다윗을 가리켜 "내 마음에 맞는 사람"(사도행전 13:22)이라고 공언하고서 그의 자손을 지키겠다고 하셨다. 예수님은 다윗의 자손으로 이 땅에 구원자로 오셨다. 이는 하나님이 이미 다윗에게 약속하신 일이다. 바울은 다윗이 받은 축복이 바로 이것임을 깨달았다(사도행전 13:23).

> 23 하나님은 약속하신 대로 다윗의 후손 가운데서 구주를 세워 이스라엘에게 보내셨으니, 그가 곧 예수입니다(새번역, 사도행전 13:23).

실제로 북이스라엘 왕의 자리는 반역으로 여러 지파가 난립했으나, 남 유다 왕은 다윗의 집안에서만 계승되었다. 그뿐 아니라 결국 다윗의 집안에서 진정한 왕이신 예수님이 나셨다. 신실하신 하나님의 언약이 다윗의 계보를 통해 성취되었다. 이것을 언약이라고 부르는데, 하나님과 바른 관계에 있는 모든 신앙인에게 해당하는 언약이기도 하다. 그런데 다윗의 개인 인생사를 보면, 우리와 다를 바 없는 연약한 인간임에도 왜 하나님의 마음에 맞는 사람이 되었는가? 신앙이 무엇인가? 전심전력을 다해 하나님을 사랑하고 의지하며 하나님 나라를 바라는 것이, 그리고 자기가 대접받고 싶은 대로 이웃을 대접하는 것이 신앙인의 모습이다. 이것이 신앙인이 욕심내어야 할 진정한 복이다.

여러 여성과 결혼했던, 다윗은 그중에 한 명이 이주민 여성 밧세바다. 다윗과 밧세바 사이에서 태어난 아들 솔로몬은 훗날 다윗을 이어서 왕위에 올랐다. 과거 다윗은 양을 치는 목동으로, 음악 연주로 사람의 마음을 진정시키는 삶을 살면서 하나님을 경험했다. 하나님이 보신 중심은 다윗 안에 있는 하나님을 아는 지식이다. 다윗에게는 골리앗과의 전투에 대한 승리의 확신이 있었다. 다윗은 근거 없는 확신을 가진 것이 아니다. 그의 승리 확신에는 근거가 있다. 바로 그가 하나님을 아는 하나님에 대한 지식이다. 양치기를 하면서 경험한 이전 날 위기의 때에 했던 고백이 그것이다(사무엘상 17:35, 37).

35 저는 곧바로 뒤쫓아가서 그 놈을 쳐죽이고, 그 입에서 양을 꺼내어 살려 내곤 하였습니다. 그 짐승이 저에게 덤벼들면, 그 턱수염을 붙잡고 때려 죽였습니다(새번역, 사무엘상 17:35).

37 다윗은 말을 계속하였다. "사자의 발톱이나 곰의 발톱에서 저를 살려 주신 주님께서, 저 블레셋 사람의 손에서도 틀림없이 저를 살려 주실 것입니다." 그제서야 사울이 다윗에게 허락하였다. "그렇다면, 나가도 좋다. 주님께서 너와 함께 계시길 바란다."(새번역, 사무엘상 17:37).

이것을 다시 정리하면, 다음과 같다. "내가 나의 양 떼를 구원하기 위해 사자와 곰과 싸울 때, 하나님이 나를 사자와 곰 발톱에서 구원하여 주셨습니다. 지금 나는 하나님의 양인 이스라엘 백성을 구원하기 위해 블레셋 사람과 싸우러 나갑니다. 그러니 이제 하나님이 나를 저 블레셋 사람의 손에서 구원하십시오."

이처럼 다윗에게 하나님은 자신이 양을 지키려고 적과 싸울 때마다 자기를 대신하여 싸워 주신 분이었다. 지금 그가 하려는 싸움은 하나님의 양인 이스라엘 백성을 지키기 위해 그들이 두려워 떨게 하는 괴물과의 싸움이다. 다윗은 이 순간 자신이 이제까지 살면서 경험한 하나님에 대한 모든 지식을 근거로 하나님의 구원을 확신한 것이다. 이전 날 자신을 사자와 곰에게서 구원하신 이가, 지금 동일한 일을 하려고 하는 자신을 구원해 주실 것을 아는 것이다. 이것이 다윗의 확신이다. 다윗이 싸움을 잘하는 사람이어서 이긴 것이 아니다. 물매가 치명적인 무기여서도 아니다. 움직임이 둔한 골리앗을 상대로 원거리 저격 무기로 하는 싸움의 기술을 잘 활용해서 이긴 것이 아니다. 잘 세운 전략과 틈새 이용, 그리고 허점을 찔러서 거인을 이긴 것이 아니다. 신앙인인 다윗의 승리는 이스라엘의 목자가 되신 하나님에 대한 바른 지식에 근거한 온전한 신뢰의 결과였다.

신앙이 깊어 진다는 것은 무슨 의미일까? 그것은 하나님을 신뢰하는 눈으로 세상을 바라보는 성찰에서 시작한다. 그래서 유대인 종교 철학자인 아브라함 헤셸(Abraham J. Heschel, 1907~1972)은 예언자를 가리켜 "하늘의 눈으로 인간 실존을 주석하는 자"라고 했다. 중력처럼 우리를 아래로 끌어내리는 현실의 무게에 짓눌리지 않으려면 바로 성찰적 거리를 확보해야 한다. 우리를 너무나도 잘 성찰하시는 하나님은 세상에서 "전인적인 하나님의 사람으로" 신앙인의 삶을 살아가기를 기대하신다.

우울증에서 치유 받은자, 엘리야

현대인의 심각한 질병 가운데 하나가 우울증이다. 우울증은 마음이 가라앉아서 움직이지 않는 상태를 말한다. 무서운 질병이기도 한 우울증은 살면서 죽음을 겪는다. 경건한 그리스도인들도 우울증으로 인해 인생을 마감하는 경우가 적지 않다. 우울증은 죄로 인한 징

벌이 아닌 암과 같은 하나의 질병으로 죄책감을 가질 필요가 없다.

구약성경 열왕기상 19장은 예언자 엘리야가 영적 침체, 즉 우울증을 보여주는 대표적인 사례다. 450명의 바알 선지자들과 벌인 목숨을 담보로 갈멜산 대첩에서 엘리야는 승리한다. 그 승리를 충분히 만끽하기도 전에 왕비 이세벨은 엘리야를 처형하기로 작정하였다(열왕기상 19:2). 이때 엘리야는 자신의 목숨을 부지하기 위해 남 유다 땅의 최남단 브엘세바로 도망하였다. 그곳에서 그는 자기의 사환을 놓아 보냈다(열왕기상 19:3). 이러한 그의 행위는 자기의 사역을 포기한다는 것을 의미한다.

그는 홀홀 단신으로 브엘세바에서 광야로 하룻길을 더 나아가 한 로뎀나무 아래에 앉았다(열왕기상 19:4). 작열한 태양의 광야 길에서 그에게 작은 그늘이라도 만들어 주는 것은 로뎀나무였다. 이 나무는 광야 길을 지나는 사람들에게 그늘을 제공하는데 충분하였다. 일반적으로 우울증에 빠지는 사람은 홀로 앉아 죽을 궁리에만 몰두하기 마련이다.

> 4 자신은 홀로 광야로 들어가서, 하룻길을 더 걸어 어떤 로뎀 나무 아래로 가서, 거기에 앉아서, 죽기를 간청하며 기도하였다. "주님, 이제는 더 바랄 것이 없습니다. 나의 목숨을 거두어 주십시오. 나는 내 조상보다 조금도 나을 것이 없습니다."(새번역, 열왕기상 19:4).

무덤에 묻혀 있는 조상들보다 살아있는 자신의 처지가 더 좋지 않음을 느꼈다. 자신을 이미 죽은 사람만 못하다고 간주하는 것이 우울증이다. 탈진하고 모두에게서 버림받은 그는 깊은 좌절감에 빠졌다. 영웅적인 삶을 살았던 그가 오늘은 우울증에 사로잡혀 도망자의 신세가 된 것이다. 우리도 인생의 최고에서 갑자기 인생의 바닥으로 떨어질 때가 있다. 그런데 우울증에 깊이 빠져 죽기를 바랐던 그에게 하나님은 천사를 통해 떡과 물을 주셔서 살게 하셨다.

> 5 그런 다음에, 그는 로뎀 나무 아래에 누워서 잠이 들었는데, 그 때에 한 천사가, 일어나서 먹으라고 하면서, 그를 깨웠다.(새번역, 열왕기상 19:5).

이처럼 하나님은 천사를 통해 우울증의 치유와 함께 떡과 물을 공급하였는데 두 번을 반복하셨다(열왕기상 19:7). 첫째는 사역으로 인한 탈진을 치유하였고, 둘째는 새로운 사역에 힘을 공급하기 위해 치유하였다. 엘리야는 하나님이 허락하신 사명지 이스라엘을 떠나 도망해 호렙산에 있었다. 호렙산에 있는 이유를 하나님은 질문함으로써 엘리야에게 자신의 현주소를 다시 생각해 보고 자기의 사명을 다시 붙잡게 하려고 하신 것이다. 하나님은 엘리야의 사표 제출을 반려하셨다. 그것은 우울증에 빠진 예언자 엘리야가 자기중심적인 불평을 터뜨리며 오직 사태의 어두운 면만을 보여주고 있기 때문이다(열왕기상 19:10).

그러나 하나님은 엘리야를 불러 당신 앞에다 세우신다(열왕기상

19:11). 하나님은 탈진에 고장 난 엘리야를 재소환하셨다. 고장 난 엘리야를 리콜하신 하나님은 바람과 지진, 그리고 불이 아닌 새로운 방식인 세미한 소리를 통해 그를 다시 세우신 것이다(열왕기상 19:11-12). 하나님은 엘리야에게 새로운 임무를 맡기셨다. 다메섹의 하사엘에게 기름을 부어 아람의 왕이 되게 하고, 예후 장군에게 기름을 부어 이스라엘의 왕을 세우게 하고, 엘리사에게 기름을 부어 엘리야의 후계자로 삼아라는 것이다(열왕기상 19:15-16).

이렇게 엘리야의 새로운 사역은 이전 사역보다 확대되었다. 국제적인 사역으로 확대되고, 국가적으로 최고 지도자를 교체하고, 자신의 후임자를 세움으로써 하나님은 엘리야에게 우울증으로 좁아진 시야를 교정하였고, 바알에게 무릎 꿇지 아니한 칠천 인의 동역자를 보게 함으로 그의 사역을 유종의 미로 거두게 하셨다. 엘리야는 우울증에서 완전히 치유되고 온전하게 회복되었다. 우울증에 빠져 헤매는 사람이 치료받을 수 있는 회상의 방법은 새로운 사명을 발견하는 것이다.

인간은 밥을 먹고 사는 존재가 아니라 의미를 먹고 사는 존재다. 의미 없음을 견딜 수 없어 하는 존재가 인간이다. 인간을 살게 하는 힘은 의미다. 왜 사는가를 아는 사람은 어떻게든 살아 낼 수 있다. 인생에 질주하는 시간도 있어야 하지만 동시에 모색하는 시간과 성찰하는 시간 또한 필요하다. 엘리야는 이런 성찰의 시간을 통해 왜 살아야 하는가를 재발견한 것이다.

우리는 앞서 신앙인이었던 구약성경의 인물들을 살펴보았다. 오늘날 하나님에게 맞는 사람으로 사는 사람의 예가 있다. 지누션, 정혜영 부부가 하나님에게 맞는 사람이다. 사실 션은 가출 소년이었다. 분노가 많은 사람이었다. 그러한 그가 하나님을 만난 뒤 그 분노가 완전히 치유되었다. 션은 하나님이 나를 사랑하셨다는 사실을 깨닫고 자신을 재발견하게 되었다. 그러자 그의 시선은 이웃을 재발견하는데 이르렀다. 이들 부부가 기부한 금액이 57억이 넘는다고 한다. 그럼에도 이들은 자기 소유의 집이 없다. 이 부부의 모습은 많은 사람을 부끄럽게 만든다.

아침에 잠에서 깨면 "오늘 우리 부부가 결혼 지 며칠이구나!"라고 감사한다. 이들 가정 부부는 기부를 위해 여러 행사를 연다. 션은 남을 도울 수 있다면 오해받고 비난받고 욕먹어도 괜찮다고 말한다. 세상이 감당하지 못할 사람들이다. 이들 부부를 통해 "하나님을 제대로 만난 사람은 이렇게 살아야 하는구나"를 말해준다. 하나님은 이러한 사람들을 통해서 세상을 치유하고 회복시키신다. 우리가 받는 은혜의 풍성함이 세상에 흘러가 세상의 고통을 치유해야 한다.

그 이유를 기독교 사상가인 김기석의 『고백의 언어들』 책에서 "우리는 하나님 안에서 태어났고, 하나님과 함께 인생을 길을 걸어가고 있으며, 우리가 가는 궁극적인 지점은 하나님을 향해 가는 것이다"라고 하였다. 구약성경은 하나님을 경험한 사람들로부터 비롯된 이야기다. 신학의 중력에서 벗어나 자유롭게 성경의 이야기 속을 거닐다 보면 자기도 모르게 입에서 어떤 고백이 새어 나온다. 심지어 어떤 이들은 성경을 통해 건강한 다이어트 법을 고안하여 제시하기도 하지만 이는 성경의 초점과는 거리가 멀다.

정말 중요한 것은 성경이 분명하고 쉽게 전달되는 데 있다. "네 이웃을 네 몸과 같이 사랑하라." 이것은 초등학생도 이해하기 어렵지 않다. 성경은 인류의 시작과 질서의 주관자가 바로 하나님이시라는 신앙을 고백하는 책이다. 예를 들면, 수많은 왕에 대한 기록(열왕기 상하)은 국가정보원에 보관된 전직 대통령의 대화록과 같은 것이 아니다. 왕들의 이야기를 통해 신앙의 교훈을 전달하고자 적은 신앙 교훈서다.

구약성경의 인물들을 통해 우리에게 아는 것보다 행하는 것을 강조한다. 그래서 "듣고"라는 말 다음에 성경이 누누이 강조하는 말은 "행하라"이다. 그다음에는 행동으로 옮기는 역동성과 변화가 삶에 일어나라는 것이다. 어떻게 보면, 이 세 가지는 우리에게 여행의 안전 수칙과도 같다. 잘 기억해 두면 우리가 어떤 여행을 가더라도 길을 잃지 않고 성경이 제공하는 진수성찬 같은 여행을 즐길 수 있다. 곧 그것은 구약성경의 인물들처럼 진리 안에서 자유 하는 삶인 것이다. "진리를 알지니 진리가 너희를 자유롭게 하리라"(요한복음 8:32).

토의를 위한 질문

1. 인류의 기원에 있어서 하나님은 어떤 분이신가?

2. 아브라함의 어떤 면을 닮고 싶은가?

3. 구약성경 인물들 가운데 나에게 도전을 준 인물은 누구며, 그 이유는 무엇인가?

참고문헌

고광석. "다문화 선교를 위한 이주민의 성경적 이해와 선교적 적용."「개혁논총」 7(2018).

기민석. 『구약의 뒷골목 풍경』. 서울: 예책, 2013.

기민석. 『성경 속 공감 이야기』. 서울: 도서출판 디사이플, 2019.

김기석. 『고백의 언어들』. 서울: 복있는사람, 2024.

김영애. 『이주, 다문화 그리고 다양성』. 서울: CLC, 2021.

김한성. 『성경 속의 다문화가정』. 나무와 열매, 2024.

김혜란. 『성서에서 만나는 다문화 이야기』. 서울: 대장간, 2013.

서인선 외 3인. 『현대인과 성경』. 안양: 성결대학교, 2018.

성기호. 『알기 쉬운 신학 에센스』. 서울: 코디엠, 2022.

양승훈. 『인류의 기원과 역사적 아담』. 서울: SFC, 2021.

주원준. 『구약의 사람들』. 서울: EBS BOOKS, 2023.

진재혁. 『세상 중심에 서는 영성 리더십』. 서울: 두란노, 2017.

조영민. 『하나님을 선택한 구약의 사람들』. 서울: 죠이북스, 2022.

조정민. 『뜻밖의 축복』. 서울: 두란노, 2019.

차준희. 『구약이 이상해요』. 서울: 새물결플러스, 2021.

차준희. 『성도가 묻고 성경이 답하다』. 서울: CUP, 2022.

차준희. 『창세기 다시 보기』. 서울: 대한기독교서회, 1998.

최기수, 전정진. 『구약의 이해』. 안양: 성결대학교 출판부, 2004.

최태성. 『역사의 쓸모』. 서울: 다산북스, 2019.

Alister E. McGrath. 『신학이란 무엇인가』. 김기철 역. 서울: 복있는사람, 2021.

Heschel, Abraham J. 『예언자들』. 이현주 역. 서울: 삼인, 2004.

McEunue, Sean E. "The Elohist at Work." *Zeitschrift für die Alttestamenutliche Wissenschaft* 96 (1984), 315-332.

Pilgrim, Walter E. *Good News to the Poor: Wealth and Poverty in Luke Acts.* Minneapolis: Augsburg, 1981.

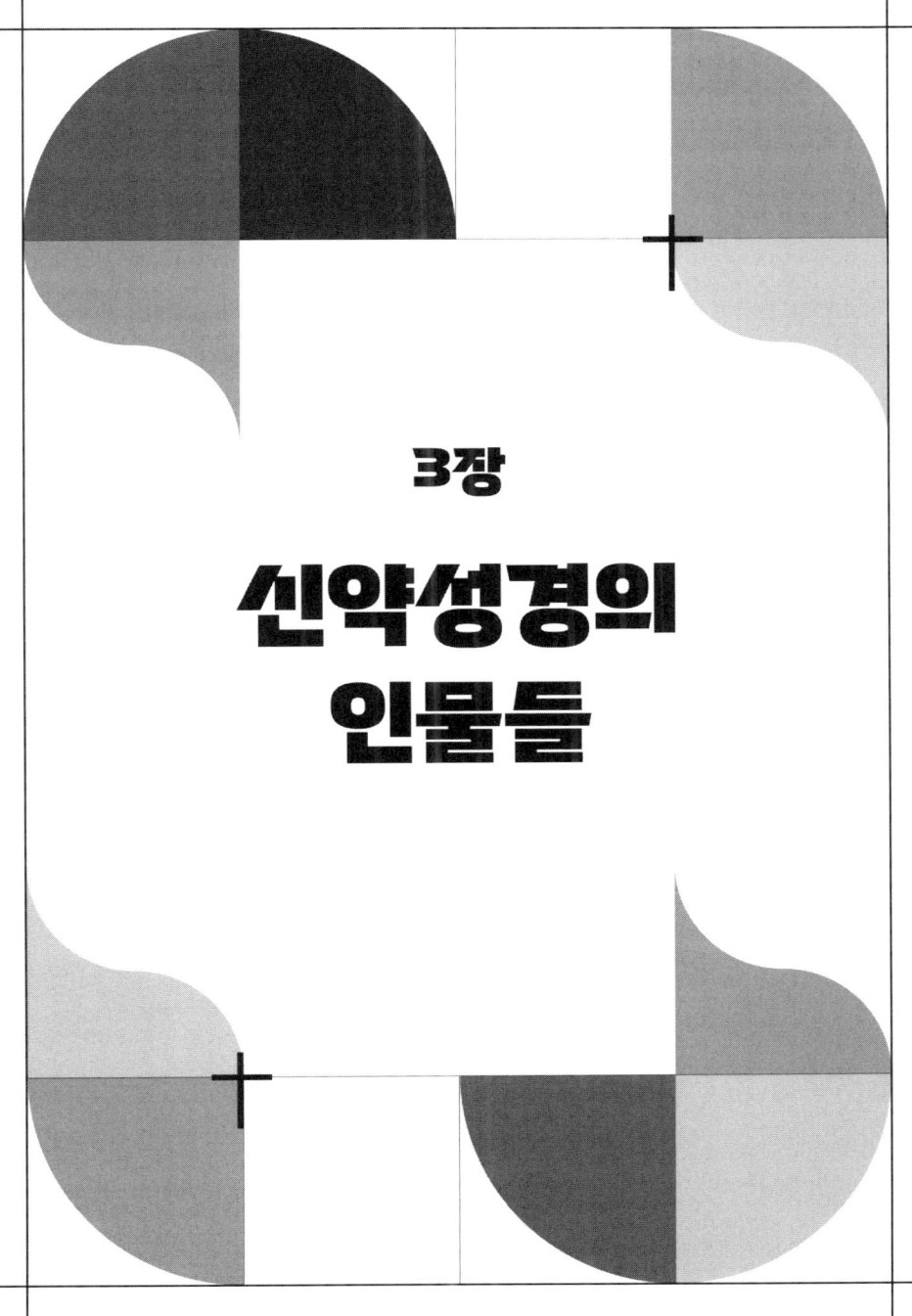

3장
신약성경의 인물들

신앙이 변화하려면 예수님에 관한 신앙의 내용이 바뀌어야 한다. 신앙의 내용이 변화하려면 예수님에 관한 생각이 바뀌어야 한다. 예수님에 대해 깊이 생각하고 책임 있게 판단할 줄 아는 현대인의 지성이 필요하다. 예수님을 그리스도로 믿든 아니면 성인으로 바라보든지, 그것은 개인의 신앙 여하에 달려 있지만 때로는 개인의 신앙 고백과 신념을 잠시 내려놓을 필요가 있다.

이에 본 장에서는 예수님의 아름다운 삶을 보고 느끼지 못하는 다양한 선입견에서 벗어나 예수님의 삶과 가르침을 합리적으로 이해하고, 상식적으로 살아갔던 신약성경의 인물들에 대하여 살펴보고자 한다.

예수님의 열두 제자

예수님은 자기를 따르는 많은 무리 가운데 특별히 열둘을 선택했다. 그리고 3년 동안, 예수님은 그들을 훈련해 자기의 사역에 동참시켰고, 승천 후에는 복음 전하는 자로 세웠다. 이것이 사복음서에 분명히 나타난다(마태복음 10:1, 마가복음 3:14, 누가복음 6:13, 요한복음 6:67). 공관복음에서는 이 열두 명의 제자들을 특별히 '사도'(apostle)라고 칭한다. 이 단어의 어원은 헬라어 '아포스톨로스'(ἀπόστολος)로 어떤 임무의 수행을 위해 보낸 자의 권위를 입고서 특별히 임명된 사람을 가리키는 말이다. 이러한 권위는 보냄을 받은 자로서 모든 신앙인에 대한 가장 아름다운 부르심의 상징이다.

맥아더 장군의 먼 친척으로 미국 마스터 대학(The Master's College) 총장인 존 맥아더(John F. MacArthur, 1939~2025)는 이 열두 제자의 부르심을 가리켜서 "예수님이 평범한 사람들을 부르셔서 비범하게 사용하신 케이스"로 말했다. 그들 모두는 평범하지만 비범하게 쓰임 받은 신약성경의 인물들이었다.

그들은 누구며, 그들의 존재는 왜 중요할까? 열두 명의 숫자가 매우 중요한 것은 신약에 와서 예수님에 의해 강조된 것이 아니다. 구약시대에 이스라엘 백성이 지파를 형성했을 때도 열두 지파였다. 그래서 이는 일종의 대표성을 갖는 숫자라 할 수 있다. 열두 명의 제자, 혹은 열두 사도는 비단 열두 명만을 의미하는 것이 아니라, 모든 시대의 신앙인으로 제자들을 대표한다고 할 수 있다. 복음서에 보면, 열두 명의 제자와 더불어 주님이 많은 여자 제자를 두셨고, 또 그들을 쓰신 것을 볼 수 있다.

그들은 모두 평범했으며, 복음서에서 알 수 있는 것처럼 오히려 인간적인 약점이 너무나 쉽게 드러나 보이는 사람들이었다. 예수님은 그들의 모든 약점을 알면서도 그들을 부르시고, 선택하셨다. 특별한 강점이 있는 사람들만을 불러서 쓰셨다면, 우리는 도저히 이 시대의 제자가 될 수 없을지도 모른다. 하지만 감사한 것은 그들이 지극히 평범한 우리와 같은 사람이었다. 우리가 만약 제자들을 선택하는 예수님의 입장이라면, 죽으면 죽었지 그런 선택은 하지 않을 것이다. 우리 주변에 가룟 유다 같은 제자를 두고 싶지 않다. 그러나 예수님은 가룟 유다의 모든 약점과 그가 당신에 대해 어떻게 배반할 것을 알고도 그를 제자로 선택하셨다(요한복음 6:70-71). 분명한 것은 이 열두 명의 제자들 모두가 우리와 똑같은 사람이다. 그들은 신앙이 급속도로 올라간 사람들이 아니라, 신앙의 진보가 아주 느린 사람들이었다(누가복음 24:25).

예수님의 부활 체험 뒤, 열두 제자들은 놀랍도록 변화되었다. 더 이상 죽음의 위협 앞에서 도망치기 급급했던 비겁한 무리가 아니었다. 그들은 부활 신앙을 체험한 후 예수님의 삶이 진리임을 깨닫고, 생명을 바쳐 투신하기 시작했다. 그들은 이제 아무것도 두렵지 않았다. 그저 예수님의 삶으로 보여준 생명의 길을 따라 걸어가기만 하면 되었다. 그들은 세상 끝 날까지 영원히 함께하겠다고 약속하신 예수님의 말씀을 믿고, 예수님이 가르쳐준 대로 예수님의 길을 걸어갔다. 죽음은 그들의 길을 막지 못했다.

그 길에서 예수님의 열두 제자의 죽음은 대부분 성경에 기록되지 않았다. 열두 제자 가운데 단지 두 명만이 죽음을 성경에 기록되었다. 가룟 유다와 세베대의 아들 야고보가 그들이다. 예수님을 배신한 가룟 유다는 스스로 목을 매어 자살했다(마태복음 27:5, 사도행전 1:16-19). 열두 제자 가운데 최초의 순교자인 요한의 형제 세배데의 아들 야고보가 헤롯왕에 의해 칼로 살해당했다(사도행전 12:1-2). 그 외에 제자들의 죽음은 모두 후대의 추정이다.

그들에 대해 독일에서 나온 가장 권위의 종교학 사전에서는 다음과 같이 언급한다. 첫째, 안드레는 그리스 파트라스에서 X자 십자가

형으로 순교했다. 둘째, 바돌로메는 알바니아 시에서 살아 있는 채로 피부가 벗겨지는 고문을 받고, 십자가에서 순교했다. 셋째, 예수님의 형제 야고보는 돌에 맞아 순교했다. 넷째, 세베대의 아들 요한은 독배로부터 기적적으로 보호되었다. 요한은 열두 제자 가운데 유일하게 천수를 다 누리고 자연사했다. 다섯째, 야고보의 아들 유다(다대오)는 몽둥이로 맞아 죽었다. 여섯째, 마태는 에티오피아에서 아

밀라노의 산타 마리아 델레 그라치에 성당의 벽화인 최후의 만찬은 레오나르도 다 빈치가 그린 1490년대 후반 벽화로 예수님과 열 두 제자가 예수가 십자가에 못 박히기 전날의 마지막 만찬을 묘사한 것이다.

마도 손도끼나 무딘 도끼로 죽임을 당한 것으로 추정이 된다. 일곱째, 맛디아는 도끼로 참수당했다. 여덟째, 베드로는 64년경 로마에서 십자가에 거꾸로 못이 박힌 채로 순교했다. 아홉째, 빌립은 히에라폴리스(현 튀르키예 파묵깔레)에서 고문으로 혹은 십자가형으로 순교했다. 열 번째, 셀롯인 시몬은 스아닐에서 기둥에 거꾸로 매달려 톱으로 몸을 세로로 갈라 죽이는 형벌을 당하여 순교했다. 열한 번째, 의심 많았던 도마는 멀고 먼 인도에서 복음을 전하다가 창에 찔려 순

교했다.

이처럼 예수님의 제자들은 예수님이 최후를 맞이한 십자가와 같은 비참한 죽음으로 순교했다. 예수님의 제자들이 맞이한 죽음은 이처럼 참혹했다. 도대체 무엇이 그들을 이렇게 참혹한 죽음을 감당할 수 있는 사람으로 만들었을까? 예수님의 부활 사건과 오순절의 성령강림 사건이 제자들의 가치관과 삶을 완전히 뒤바꿔 놓았다. 부활 이전, 제자들의 모습은 무기력하게 십자가를 지시는 예수님과 같이 무기력했다. 베드로는 대제사장 가야바의 뜰에서 심문받으시는 예수님을 세 번이나 모른다고 부인했다(마태복음 26:75). 예수님께서 십자가에서 돌아가시고 제자들은 본래의 일상으로 되돌아갔다.

그런데 이런 무기력한 제자들에게 예수님은 부활의 모습을 보여주셨다. 그리고 예수님은 제자들에게 부활의 증인이 되도록 하셨다(누가복음 24:48, 사도행전 1:22). 부활의 증인으로 새로운 사명을 부여받은 제자들은 여전히 적극적으로 행동하지 못했다. 그러나 오순절 날 성령의 충만함을 받고, 제자들은 변했다. 예수님의 부활 사건과 성령 충만 사건이 비겁하고 무기력한 제자들의 삶을 완전히 바꾸어 놓은 것이다. 예수님의 부활 사건은 예수님이 주님이시자 메시아가 되심을 보여준다(사도행전 2:36).

> 36 그러므로 이스라엘 온 집안은 확실히 알아두십시오. 하나님께서는 여러분이 십자가에 못박은 이 예수를 주님과 그리스도가 되게 하셨습니다(새번역, 사도행전 2:36).

예수님은 부활을 통해 하나님의 통치권을 위임받은 주님이 되셨다. 하나님의 전권으로 마지막 심판을 내리실 분이 되셨다. 이 땅에서의 삶이 전부가 아님을 입증한 것이다. 죽음 이후에는 부활이 있다. 의인의 부활은 영원한 생명으로 인도한다. 하지만 악인들의 부활은 궁극적인 심판에서 판결받는다(사도행전 24:15). 악인들은 영원한 죽음이나 형벌을 받게 된다(히브리서 9:27).

> 27 사람이 한 번 죽는 것은 정해진 일이요, 그 뒤에는 심판이 있습니다(새번역, 히브리서 9:27).

그러나 신앙인은 세상의 가르침과 기준에만 따라 살지 않는다. 이 땅에서의 삶이 전부가 아님을 알기 때문이다. 그래서 "하늘에 있는 더 나은 본향"(히브리서 11:16)과 "죽음 이후의 부활"(히브리서 11:19, 35)을 늘 주목하며 산다. 이런 삶을 살았기에 열두 제자들은 이 땅에서의 순교를 감당할 수 있었다. 예수님의 제자들은 세상이 감당하지 못하는 사람들이다. 이처럼 신앙인들도 영원하신 하나님, 결국 썩어서 없어질 세상 것에 눈을 돌려 영원한 하나님 나라, 하늘에 있는 더 나은 본향, 죽음 이후의 부활에 초점을 맞추어 살아가기를 소망해야 한다. 오늘도 전 세계에서 예수님의 삶과 죽음과 부활은 제자들의 삶을 통해 계속해서 재현되고 있다.

뉴욕 나약 대학(Nyack College)에서 10년이 넘게 강의하며 40권의 책을 저술한 레슬리 플린(Leslie B. Flynn)의 『열두 사도』책을 보면, 이런 내용이 있다. 어떤 사람이 미국 육군사관학교를 방문했다. 마침 육군사관학교에 다른 대학교 팀이 와서 축구 경기를 진행하고 있었다. 그 옆을 보니 응원단석에서 육군사관학교 생도들이 자기 축구팀을 응원하면서 깃발을 펄럭이고 있었는데, 그 깃발에는 12라는 숫자가 쓰여 있었다.

그 사람이 물었다. "당신들이 응원단 속에서 들고 있는 12라는 숫자는 무엇을 의미합니까?" 그때 응원하고 있던 한 생도가 이렇게 대답했다. "축구 경기는 열한 명이 하지만 우리가 바로 열두 번째 선수입니다. 우리는 저 그라운드에서 뛰고 있는 선수들과 같은 심정으로 응원하면서, 함께 뛰고 있는 것입니다. 우리가 바로 열두 번째 선수입니다." 그렇다. 예수님의 열두 번째 제자가 우리 신앙인이 되어야 하겠다.

예수님이 만난 병자들과 죄인들

살아 있는 동안 많은 사람이 예수님을 만났다. 그저 지나치는 만남이 아니라, 사람들의 삶을 근본적으로 변화시키는 결정적인 만남이었다. 그것은 예수님이 구원자로 치유자로서 가난한 사람들과 아픈 사람들과 어린아이의 친구가 되었기 때문이다. 또한 가르치는 선생으로 기적을 일으키는 사람 등으로 다양한 모습으로 사람들은 예수님을 만났다. 그를 처음부터 거부한 사람들 이외에 그를 만나 변화되지 않은 사람이 없었다. 예수님을 만난 사람들의 면면을 살펴보면 그들의 행동과 마음을 엿볼 수 있겠다.

안식일의 엄격한 규정에도 불구하고 예수님은 "한쪽 손을 못 쓰는 사람"을 치유하셨다(마태복음 12:10-12). 치료자이신 예수님은 제도나 법에 순종하는 것보다 옳은 일, 사람 살리는 일이 더 중요하다는 진리를 드러내셨다. 12년 동안 피가 멈추지 않는 질병으로 재산을 탕진하고 실의에 빠져 있던 여자에게 "네 믿음이 너를 살렸다"라고 말함으로써 이미 우리 안에 큰 믿음이 있음을 보여주었다(마태복음 9:18-26). 그리고 아이에게 붙어 있는 귀신을 쫓아내 달라는 시로페니카(수로보니게) 출생의 이방인 여인의 믿음에 감탄했다(마가복음 7:24-30). 악령을 쫓아내지 못하는 믿음 없는 제자들을 한탄하며, 예수님은 "믿는 자에게 불가능한 일이 없다"라고 가르쳤다(마가복음 16:14-15).

소외계층 어린아이들을 만난 예수님은 머리 위에 손을 얹고 축복해 주셨다(마태복음 18:13-15, 마가복음 10:13-16, 누가복음 18:15-17). 그러나 자신을 따르려다 가진 것이 너무 많아 근심하며 돌아서는 청년을 야속하게도 붙잡지 않았다(마태복음 19:16-22). "다윗의 자손이여 자비를 베풀어 주소서"라고 있는 힘을 다해 소리치는 시각 장애인의 눈을 예수님이 뜨게 해 자신을 따라나서게 했고(누가복음 18:35-43), 청각 장애인에게는 "에바다, 열리라"라고 외쳐 귀가 열리고, 혀가 풀려 말하도록 했다(마가복음 7:31-37).

죽었다고 생각했던 야이로의 딸에게 예수님은 "달리다굼, 소녀야 일어나라"라고 외쳐 살려내면서 부활 신앙을 예고했다(마가복음

5:41). 그는 또한 죄인으로 낙인찍힌 이들을 만나는 것을 서슴지 않았다. 세리였던 레위를 만나 자신을 따를 수 있게 허락하자 감격한 레위는 그를 위해 잔치를 베풀었다. 부자는 하늘나라에 들어가기가 힘들다고 말씀했으나 나무 위에 올라가 자신을 바라보던 키 작은 부자 삭개오를 만나 그를 변화시켜 자신이 가진 재산을 나누도록 했다(누가복음 19:1-10).

예수님이 만난 여인들

실제로 성경에는 수많은 여인의 이름이 기록되어 있다. 마태복음은 예수님의 족보에 당시 독자들을 당혹스럽게 만들 수도 있었던 다섯 명의 여인, 곧 다말, 라합, 룻, 우리야의 아내 밧세바, 마리아를 언급한다(마태복음 1:1-7). 우리는 여인들의 목소리에 귀 기울여 볼 수 있다. 예수님의 사람들 가운데 여인들을 언급할 이유가 넉넉하다. 예수님을 믿고 따른 여인들은 누구보다 마음이 진실했고, 신앙이 굳건했다.

예수님의 생애 가운데 가장 중요한 사건 현장에 있었던 목격자들이 여인들이었다. 많은 여인이 예수님을 만났다. 당시 철저한 가부장적인 사회에서 편견을 뚫고 남자 스승 예수님을 따랐던 여인들의 용기는 대단하였다. 예수님은 자기의 머리 위에 값비싼 향유를 쏟아부은 여인을 갸륵히 여겨 그녀를 영원히 기억하도록 축복했다(마가복음 14:3-9).

몸을 팔다 붙잡힌 가련한 여인을 정죄하려는 이들에게 "죄 없는 자가 먼저 돌로 치라"라고 소리쳐 물리친 후 여인에게 자비의 눈길을 보내며 "다시는 죄짓지 말라"고 말했다(요한복음 8:1-11). 피가 멈추지 않는 질병에 걸린 불결한 여인이 예수님의 몸을 만지는 것도 기꺼이 허락하며 그녀의 신앙에 따라 구원을 베풀었다(마가복음 5:25-34). 다섯 번이나 이혼하고 또 다른 남자와 동거하던 천한 사마리아 여인을 만나 기쁜 소식을 전해 새로운 존재로 변화시켰다(요한복음 4:3-26). 구원자요 치료자이신 예수님의 가르침은 종교적 억압과 사회적 편견, 그리고 남성 권위주의로부터 여성을 해방하는 기쁜 소식이었기 때문이다.

예수님의 생애에서 가장 중요한 사건의 하나가 부활이다. 십자가의 죽음이 단순히 권력에 의한 억울한 처형이 아니라, 인류의 죄를 대속하는 하나님의 섭리인 것이 부활로써 입증되었다. 예수님이 전한 하나님 나라의 복음을 가장 간단하게 표현할 때 부활의 복음이라고 하는 까닭이 이것이다. 그 부활의 현장을 누가 가장 먼저 목격했을까? 상식선에서 예수님의 측근인 열두 제자여야 자연스럽다. 그러나 다름이 아닌 여인들이었다.

예수님의 생애를 기록한 사복음서에서 여인들은 중심인물이 아니다. 여인들의 복음서라는 별명을 가진 누가복음이 여인들에게 관심과 애정이 깊었으나 예수님의 사역에서 여인들이 잘 눈에 띄지 않는다. 그러나 당시 가부장적인 사회와 문화적 상황을 고려하면서 성경을 가만히 읽다 보면 여인들이 중요한 역할을 담당했다는 정황을 발견할 수 있다. 그중에서 부활의 현장을 처음으로 목격했다는 사실이 참으로 중요하다. 사복음서에서 모두 겹치는 인물이 막달라 마리아다. 마가복음은 예수님의 부활을 목격한 첫 증인으로 막달라 마리아와 야고보의 어머니 마리아, 그리고 살로메를 내세운다(마가복음 16:1). 예수님 시대에는 여인들의 증언이 가치가 없었다. 그런데 이 여인들은 예수님의 첫 증인으로 성경에 기록되었다.

마리아를 비롯하여 부활의 현장에 있었던 여인들은 십자가의 죽음과 죽음 후에 예수님의 시신을 내려서 아리마데 사람 요셉의 무덤에 안치하는 모든 과정을 세심하게 지켜보았다. 많이 울었을 것이고, 통곡하며 가슴을 찢었다. 여인들이 안식일이 끝나고 밤이 지난 후에 새벽 날이 채 밝기도 전에 무덤을 찾았다. 사랑하고 존경하는 주님의 시신에 향유를 바르며 마지막 정성을 다하려는 것이었다. 예수님의 말씀을 믿은 이 여인들이 부활을 증언했다.

예수님이 만난 반대자들

예수님은 자신을 반대하는 종교 지도자들과 율법 학자와의 만남을 외면하지 않았다. 바리새파 지도자였던 니고데모를 만나 '영으로 거듭남의 비밀'을 가르쳤다. 부활 신앙을 조롱하고 자신을 시험하기 위해 찾아온 사두개파 사람들을 예수님은 만나 부활의 본뜻을 전하기도 했다. 기적을 요구하는 율법 학자와 바리새파의 악한 마음에 요나 선지자의 기적밖에는 보여줄 것이 없고, 자신은 요나보다 더 큰 사람이라고 선포함으로써 미움을 자초하기도 했다. 정결법을 따르지 않은 채 손을 씻지 않고, 밥을 먹는 예수 공동체를 못마땅하게 여기는 바리새파 사람들을 만나서는 '입으로 들어가는 것이 사람을 더럽히지 않고, 오히려 입에서 나오는 것이 사람을 더럽힌다'라고 말해 그들의 비위를 건들기도 했다(마태복음 15:11).

예수님은 십자가에 못 박혀 고통에 차 있을 때조차 회심하는 강도의 고백을 무시하지 않았다. 오늘 네가 나와 함께 낙원에 머물 것이라고 말하며 희망을 주었고, 자신을 못 박은 자들과 비난하는 사람들을 향해서 용서의 기도를 드렸다. 그가 만난 사람들은 그에게서 흘러나오는 사랑과 지혜에 감동을 받아 삶이 변화되었다(마태복음 27:35-44).

정치 지도자들이 예수님을 반대한 이유는 분명했다. 그것은 예수가 그들의 마음과 귀에 거슬리거나 기득권에 도전하는 말을 많이 했기 때문이다. 예수님은 안식일 규정을 지키지 않았으며, 경건하게 금식기도를 하지도 않았고, 부유한 사람에게 하나님 나라에 못 들어간다고 말했다. 부모의 장례를 못 치르게 할 정도로 부모와 자식 관계의 윤리적 의무보다 하나님 나라를 좇는 것을 더 우선시했다.

더 나아가, 가족과 인연을 끊을 것을 강요했다. 율법 학자들의 경건함의 표시인 외형적인 치장도 모두 허세라고 조롱하듯 비판했다. '아브라함보다 자신이 먼저 있었다'라는 말은 신성모독의 압권이었다. 이렇듯 자신을 반대하는 사람들 앞에서 고개 숙이지 않는 탓에 예수님은 많은 핍박을 자초했다. 그래서 수없이 도망쳐야 했으며, 돌을 던지는 사람들에게서 도망치기도 했고, 사제들이 보낸 군인들을 피해 달아나기도 했다. 신변의 위협을 느껴 마을에서 멀리 떨어진 곳에서 숨어 지내기도 했다. 이처럼 자신을 반대하는 사람들과의 만남은 결코 쉬운 것이 아니었다. 구원자이신 예수님의 삶은 우리가 생각하는 것보다 훨씬 더 처절한 삶이었다.

예수님이 제시한 하나님 나라를 향한 길은 너무도 단순하고 명료했다. 그 길은 못 배운 사람들이 따라가기에도 충분할 만큼 이해하기 쉬운 것이었다. 그렇지 않았다면 3년이라는 짧은 가르침과 실천으로 그가 살아 있을 때나 부활하신 이후 그 많은 가난하고 무식한 사람들이 그를 쫓아 하나님 나라를 체험할 수 없었을 것이다. 예수님은 진리를 단순 명료하게 말했고, 보여주었으며 체험하게 했다. 예수님의 말과 삶을 따랐던 순수한 사람들은 그의 신앙대로 하나님 나라를 체험할 수 있었다. 그러므로 짧은 시간에 유대뿐만 아니라 로마제국에 이르기까지 오늘날 우리에게도 예수님의 정신이 퍼져나가게 되었다.

고대 세계의 인물, 바울

20세기 최고의 기독교 변증가 C. S. 루이스는 기독교와 타 종교의 차이가 무엇인가에 대한 질문을 기독교 신앙의 독특성이 은혜에 있다고 말했다. 그리고 그 은혜에 관해서 "받을 자격이 전혀 없는 사람들에게 일방적으로 베풀어지는 하나님의 사랑과 호의로 그것이 은혜"라고 말했다. 루이스의 정의가 기독교의

바울
(Παῦλος, B.C. 5~A.D. 67)

핵심이라 하겠다. 기독교는 은혜의 종교다. 다른 어떤 종교도 자격이 없는 이를 향한 사랑, 자격이 없는 이에게 주는 선물이라는 개념은 없다. 다들 자격을 갖추라고 말한다. 자격을 얻기 위해 노력하라고 말한다. 네가 할 수 있는 최선을 다해 사랑받을 이유를 만들어서 나오라고 말한다.

그런데 기독교는 어떤가? 기독교는 자격 없다는 것을 인정하는 사람을 향해 찾아오신 예수님에 관한 이야기다. 신약성경의 인물들 가운데 가장 망가져 있던 인물로, 가장 꼬여 있던 인물로, 예수님을 믿는 사람들을 박해하고 교회 지도자인 스데반의 순교에 직접 개입한 인물로, 부활하신 예수님이 직접 찾아가신 하나님의 은혜를 경험한 사람이 바로 바울이다. 그 놀라운 사건이 있었던 날도 예루살렘에서 300km나 떨어진 다메섹으로 예수쟁이들을 잡으러 가던 길

이었다. 그때 그는 정오의 태양보다 밝은 빛 앞에 고꾸라졌다. 너무나 밝고 너무 크고 너무나 거룩한 분, 이제껏 여호와 하나님이라 불렀던 그분이 바울을 찾아오셨다. 땅바닥에 엎드린 그는 부들부들 떨고 있었다.

그때 크고 강한 그러나 부드러운 음성이 그에게 들렸다. "사울아, 사울아." 그분은 그를 불렀다. 그리고 "왜 나를 핍박하느냐"고 물으셨다(사도행전 9:4). 그때 그는 마음이 평안해졌다. 스데반 순교 이후에 가졌던 마음의 거대한 혼란이 끝났기 때문이다. 그는 잘못된 판단에 분노하는 신이 지금 그에게 나타났기 때문이다. 스데반이 옳았고, 그가 틀린 것이다. 그때 예수님이 다시 말씀하셨다. "가시채를 뒷발질하기가 네게 고생이니라"(사도행전 26:14). 사실 이건 헬라인들의 속담이다. '스스로 고생이 될 일을 그만하라'라는 뜻이다. 그를 찾아오신 부활하신 예수님이 "나를 핍박하는 것이 너에게 고생이니 이제 그만하자"라는 것이다.

그 주님의 사랑 가득한 표정과 목소리 앞에 바울은 굴복하고 말았다. 강력한 하나님의 임재를 경험하는 것이 우리 신앙의 중요한 전환점이 될 수 있다. 그러나 그 빛으로 사람이 바뀌는 것은 아니다. 신앙은 하나님의 거대한 영광의 빛 앞에 주님을 두려워하고, 우리의 잘못된 삶에 대해 용서를 구하는 것이다. 그러나 그 두려움은 시간이 지나면 점점 약해지고 결국에는 이전 상태로 돌아가 버린다. 신앙인이 끝까지 신앙의 길을 완주할 수 있게 해 주는 힘은 넘어져도 일어나고 죽은 것 같다가도 또 일어나는 그 능력은 단지 영광의 주를 만났기 때문만이 아니다. 영광의 주님께서 우리를 사랑하시는 것을 경험했기 때문이다.

그 하나님이 내 이름을 부르신다. 그 빛 가운데서 우리를 향해 손 내밀어 붙드신다. 나를 끌어안으시고, 내 귓가에 내가 아무에게도 말하지 못했던 상한 것, 아픔과 고통, 그리고 갈망을 안다고 말씀하신다. 그럼에도 나는 너를 사랑한다고 말씀하신다. 이것이 좋은 소식을 넘어서는 복음이다. 하나님의 사랑이 먼저다. 바울은 핍박자이며, 기독교의 적이었다. 예수님은 그런 바울을 찾아와 사랑을 고백하심으로 설득하셨다.

그래서 예수님의 발자취를 따라서 갔더니 바울은 어떤 여정이었는가? 옥스퍼드대학교 신약 성서학자인 톰 라이트(N. T. Wright, 1948~)는 바울을 "고대 세계의 인물 가운데 지금도 책 속에서 뛰어나와 우리와 대면할 능력이 있는 이는 손가락으로 꼽을 정도이다. 바울은 바로 그런 인물들 가운데 하나다"라고 했다. 그를 위대한 영웅으로 보는 사람이 있고, 악당으로 보는 사람도 있다. 어떤 이들에게 그는 예수님에 관한 기독교 메시지를 예수님의 고향 팔레스타인을 넘어 세계로 전파하는 데 그 누구보다 크게 이바지한 사람이다.

사실상 거리가 240km(150마일)에 불과한 지역 안에서만 공적인 사역을 했던 예수님과 대조적으로, 바울은 예루살렘부터 로마까지 약 2,250km(약 1,400마일)에 이르는 넓은 지역과 그 안에 있는 수많은 장소에서 사역했다. 바울 자신은 지리를 잘 이해했음이 분명하다. 한번은 로마에 있는 교회에 보낸 편지(로마서 15:19)에서 자신이 예루살렘으로부터 두루 행하여 일루리곤(현 알바니아)까지 복음을 전했다고 말한다. 오직 사람들에게 자신이 기쁜 소식이라고 믿었던 그들의 삶을 위한 하나님의 진리를 전하기 위해 현대의 여행자들에게 주어진 혜택을 전혀 누리지 못한 채, 많은 경우 사실상 혼자서 기꺼이 여행하였다. 우리는 고대사의 다른 어떤 인물보다 그에 관해 친밀하게 알 수 있다.

바울은 초기 기독교 역사에서 기념비 같은 인물로 우뚝 서 있다. 바울만큼 메시아 대망을 중심으로 한 유대인의 세계관을 고쳐 다시 만들어 내고, 하나님 나라를 중심으로 한 신앙인 공동체를 서구에 건설함으로써 기독교 형태를 만들어 낸 사람이 없다. 아마 베드로를 제외한다면, 바울이야말로 주 예수를 섬김으로써 다른 공동체와 구별된 특징을 보여주고 그 시대 문화에 철저히 맞서는 삶의 방식을 따라가는 데 헌신했던 공동체인 교회를 로마제국 전역에 세우는데 가장 큰 영향을 끼친 사람일 것이다.

바울이 남긴 유산 가운데 분명 그가 기록했다는 열세 서신이 있다. 이 서신들은 신약성경의 24%를 차지하며, 예수님에 관한 사도들의 증언을 지탱하는 신학적 중추가 되고 있다. 유대인이었고, 오늘날의 터키 남동부에서 태어나고 자랐던 당대 최고의 철학자이며, 예수 그리스도의 제자였던 바울은 하나님이 도덕적인 변화를 통해 인간을 의로운 자로 만드시는 것이 아니라, 하나님은 인간이 믿음으로 그리스도와 연합되어 있는 한, 인간을 의롭다고 여겨 주시는 것이다.

신앙인들이 가장 좋아하는 말씀 가운데 하나가 빌립보서 4장 13절이다. "내게 능력 주시는 자 안에서 내가 모든 것을 할 수 있느니라 (I can do all things through Christ which strengtheneth me)". 많은 사람이 앞뒤 문맥을 무시하고 "모든 것을 할 수 있느니라"는 이 구절에 꽂혀서 말씀을 좋아한다. 그런데 이것은 하나님의 능력으로 전해진다는 의미가 아니다. 비천에 처하든 풍부에 처하든 개의치 않고, 자족할 수 있는 일체의 비결을 배웠다는 의미에서 바울이 한 말이다. 그렇다. 예수 그리스도 안에서 굴욕감이나 무기력감 없이 자신의 환경과 처지를 인정하고, 받아들일 줄 아는 의연함도 신앙의 한 영역이다. 그래서 내 마음과 내 뜻대로 되는 게 없어도 이전보다 덜 실망하고 덜 무기력하다면, 나름 신앙으로 잘 사는 것이다.

다문화 가정, 브리스길라와 아굴라 부부

브리스길라와 아굴라 부부는 신약성경에서 모범적인 가정으로 자주 언급되는 인물이다. 이들은 브리스길라가 로마 출생이고 아굴라가 본도 출생 유대인인 다문화 가정의 대표적인 사례로, 초기 기독교 선교 역사에서 중요한 역할을 담당했다. 사도행전 18장 2절에 따르면, 브리스길라와 아굴라 부부는 원래 로마에 살고 있었으나, 당시 로마 황제의 명령으로 로마 변방으로 강제 이주를 당했다.

이러한 역경 속에서도 그들은 신앙을 잃지 않았다. 고린도전서 16장 19절을 보면, 사도 바울이 제2차 선교여행 중 이 부부를 만나게 되었고, 바울은 그들의 집에 머물게 되었다. 이들의 집은 단순히 바울의 거처를 넘어, 그리스도인들이 모여 예배를 드리는 교회의 역할을 수행하는 장소가 되었다. 이는 초대교회가 다문화 가정이라는 중요한 선교적 환경에서 시작되었음을 보여주는 의미 있는 부분이다.

브리스길라와 아굴라 부부는 바울과 깊은 친교를 통해 서로에게 유익을 주었고, 복음을 위한 동역자로서 에베소와 로마 등지에서 열정적으로 선교 사역을 감당하였다. 그들은 단순히 바울의 조력자가 아니라, 적극적으로 복음 전파에 참여하며 헌신적인 삶을 살았다. 또한 이 부부는 신앙생활의 모범을 보이며 아시아의 모든 믿는 성도들로부터 존경과 칭송을 받았다. 그들의 신앙은 매우 투철하여, 사도들의 복음 증거와 안전을 위해서라면 기꺼이 목숨까지 내놓을 수 있을 정도였다. 이는 로마서 16장 3-4절에서 바울이 이들을 "나의 동역자"라고 칭하며 "내 목숨을 위하여 자기들의 목이라도 내놓았나니 나뿐 아니라 이방인의 모든 교회도 저희에게 감사하느니라"고 말한 것에서도 잘 드러난다.

사도행전 18장 26-28절에는 브리스길라와 아굴라 부부가 당시 학식이 뛰어나고 능변가였던 아볼로에게 예수 그리스도의 복음을 더 자세히 설명해 준 일화가 기록되어 있다. 아볼로는 이미 성경에 능통한 사람이었지만, 이 부부는 그에게 하나님의 도를 더욱 정확하게 가르쳐 주었고, 이는 아볼로가 아가야 지방에서 복음을 전파하는 데 큰 도움이 되었다. 이처럼 그들은 단순히 선교 현장에서 활동하는 것을 넘어, 다른 복음 사역자들을 훈련하고 양육하는 역할까지 감당하였다.

　브리스길라와 아굴라 부부의 이야기는 당시 다문화 가정이 복음 전파 사역에 얼마나 큰 기여를 했는지 분명하게 보여준다. 이들의 헌신과 모범적인 신앙생활은 오늘날 한국 교회에 중요한 시사점을 던져준다. 현재 한국 사회는 급격하게 다문화 사회로 변화하고 있으며, 이는 한국교회에게 새로운 선교의 장이자 도전이 되고 있다. 브리스길라와 아굴라 부부의 사례처럼, 한국교회는 현재 증가하고 있는 다문화 가정들을 귀한 선교 자원으로 인식하고 적극적으로 지원해야 할 것이다. 이를 통해 훌륭한 다문화 사역자들이 많이 배출될 수 있도록 아낌없는 지원과 교육이 이루어져야 할 것이다.

예수님을 만난 우리말 사전 후원자, 록펠러

성공한 사업가 록펠러, 시카고 대학 설립을 위해 6,000만 달러를 기부하고 록펠러재단 일반교육재단 록펠러 의학연구소 등을 설립했다.

　산업혁명이 일어나고 근대화 과정에 있을 때, 부자들로 인해 가난한 사람들이 생겨났다. 노동자들은 하루 12시간 이상을 일하는데도 가난에서 벗어나지 못하는데 기업가는 부자가 되었다. 그러나 근대화를 넘어온 현대는 다르다.

록펠러(John D. Rockefeller, 1839~1937) 은행 총재가 한국에 왔을 때 어떤 기자가 "당신은 당신 은행의 주식을 얼마나 가지고 있습니까"라고 물었다. 그때 그는 이렇게 말했다. "저는 5% 이상을 가질 수 없습니다. 그리고 나머지 95%는 원하는 사람이면 누구든지 가질 수 있습니다." 기자는 "그러면 5%의 수익은 당신의 것입니까"라고 물었다. 그러자 그는 세금을 낸다고 답했다. 그의 말은 경영권자는 회사에서 얻은 이윤을 미국 사회와 세계를 위해서 쓸 수 있는 권한을 갖고 있다는 뜻이다.

200년 전, 미국이 아메리카 대륙에 나라를 건설했을 때만 해도 모든 재산은 개인의 소유라고 생각했다. 하지만 나라가 부강해지고, 사회가 발전하면서 미국인은 모든 재산이 공동의 소유라고 생각하기 시작했다. 경영자는 투자를 통해 일자리를 만들고 수익을 창출해 사회에 기여하고, 학자는 연구한 학문으로 사람들의 지식을 고양하며, 정치가는 올바른 정치로서 더 좋은 사회를 만들고, 예술가는 작품 활동을 통해 또 다른 차원의 예술 체계를 창출한다. 이렇게 해서 모든 재산을 공유하는 것이다.

세계적인 기업가 록펠러의 삶은 미국의 발전 과정과 많이 닮아있다. 석유왕 록펠러로 불릴 때까지만 해도 그는 억척인 사업가에 불과했다. 그러나 록펠러재단을 설립하고 사회에 공헌하면서 그는 자신의 소유를 공유하게 되었다. 뉴욕의 UN 빌딩은 록펠러가 기증한 땅에 세워졌다. 또 시카고대학교를 설립한 사람도 록펠러다. 미국뿐만 아니라 인도나 아프리카도 도왔다. 한국전쟁 후, 한국의 『우리말 사전』은 록펠러재단의 후원으로 만들어졌다. 록펠러재단은 미국의 전설적인 석유 재벌이자 20세기 초에 스탠더드 오일을 설립해 미 정유소의 95%를 차지했다. 존 록펠러가 설립한 자선 재단으로는 미국 내에서 카네기재단, 포드 재단과 더불어 3대 재단으로 꼽히고 있다.

미국의 자본주의는 개인 소유 체제에서 출발했으나, 지금은 개인이 가진 소유에서 기여 체제로 개선되었다. 이것이 예수님을 만난 사람으로 기독교의 정신이다. 될 수 있으면 자신은 적게 가지고, 많은 걸 남의 손에 주는 사람이 신앙인의 모습이다. 신앙인이 다른 사람보다 열심히 일해야 하는 이유는 무엇일까? 예수님의 말씀을 받아들여 더 많이 벌고, 그것은 남을 위해 돕기 위해서다. 그러나 무조건 공짜로 도와주는 것이 아니라, 일의 대가로 주어야 한다.

예수님은 신앙인이 사랑을 베푸는 자라고 말씀하셨다. 교회를 열심히 다니는 사람도, 성경을 많이 읽는 사람도, 기도 많이 드리는 사람도 아닌 사랑을 베푸는 자가 소중하다. 그렇게 신약성경의 인물들처럼 사랑을 실천하고 살면서 예수님의 사랑을 깨달으면 진정한 신앙인이 되는 것이다.

예수님을 만난 한국의 슈바이처, 장기려

아프리카 가봉에 슈바이처 박사가 있듯이 한국에는 장기려(張起呂, 1911~1995) 박사가 있다. 한국의 슈바이처, 살아있는 성자, 바보 의

사, 작은 예수 등으로 불리며 우리 곁을 살다 간 장기려는 이면과 표면의 경계를 허문 사람이었다. 거짓은 저주받을 짓이라 여겼고, 정직을 최고의 미덕으로 알았다. 장기려의 어떤 점이 가장 훌륭한가를 묻는다면 서슴없이 신분이 높든 낮든 사람을 사람으로 대한 것이라고 한다. 하나님이 역사를 통해 이루고자 하는 목적은 창조 당시의 인간과 하나님 나라의 회복이다.

그는 하나님 나라에서 만나게 될 회복된 인간의 이정표로 살다 갔다. 그는 자신에게 영향을 끼친 이들을 따라 살지 않고, 동시대 가난한 이웃이 겪고 있는 의료 문제를 가슴에 품고 시대를 앞서갔다. 없는 사람을 위해 봉사하더라도 실력 있는 의사가 되어야 한다며 의학 공부를 철저히 했다.

사람을 사람으로 대했던 의사 장기려 박사

수술 직전에는 기도만 한 게 아니라 반드시 해당 의학서적을 그는 다시 한번 점검하고 수술실로 들어갔다. "의사가 되려고 공부했지 전문가가 되려고 공부한 것은 아니다"라는 그의 말에서 전문가주의에 대한 거부감을 드러냈다. 무료 병원으로 시작한 복음병원(현 고신대학교 복음병원)이 현대식 시설과 규모를 갖추면서 점점 전문화되는 것을 장기려는 온몸으로 막다가 조기 퇴직당했다.

1927년 조선인은 1,900만 명이었는데 이 중에 농민이 1,600만 명이었고 노동자는 100만 명이었다. 자의 반 타의 반 가난이 그를 의사로 만들었다. 사립인 세브란스의전은 1년 학비가 100원인데 비해 총독부 부설 경의전은 35원이었다. 경의전도 마냥 안심할 수는 없었다. 입학생 3분의 2를 일본인으로 뽑아야 한다는 규정 때문이었다. 등록금은 싸나 입학 조건이 크게 불리해 하나님께 기도를 시작했다. 그가 이해한 기독교 신앙은 지식이나 이론이나 해석이 아니라 실천이다. 달리 표현해 현실에 대한 태도라고 하겠다. 신앙의 핵심은 정의와 평화, 그리고 역사와 깊게 관련되는 문제로 보았다. 신앙의 삶이 곧 하나님 자녀로서 하늘나라를 이루는 데 참여하는 것이다.

1951년 6월 20일에 한상동과 전영창, 그리고 경남 구제위원회 회계 김상도 목사와 함께 제3 육군병원으로 찾아갔다. 망설일 이유가 전혀 없었던 장기려는 6월 30일, 제3 육군병원을 그만두었다. 당시는 거의 모든 병원이 천막이나 창고에서 개업했다. 세 사람이 병원 장소로 물색한 곳은 부산 영도구 남항동 2가에 있던 제3영도교회 창고였다. 복음병원의 초창기에 또 하나 눈여겨볼 대목은 무의촌 진료 봉사였다. 쉽지 않았으나 직원들은 아침마다 이 일을 놓고 기도했다. 무의촌 진료를 위해 진료를 전담할 의사가 지원했고, 무료 진료팀이 꾸려졌다. 무의촌 진료는 금요일 오후나 토요일 새벽에 출발하여 지역 교회를 이용하여 실시했다. 진료를 끝내면 마을 주민들을 상대로 전도 영화를 상영했다.

복음의원은 무료 병원이었음에도 직원이 11명이었다. 직원들의 월급을 직급, 학력, 경험 등의 일반적 기준이 아니라 가족 수에 따라

정했다. 그러다 보니 식구 수가 같은 원장과 운전기사의 월급이 똑같았다. 장기려가 그런 원칙을 병원 경영에 도입한 것은 복음의원을 진정한 공동체로 만들겠다는 열망 때문이었다. 장기려는 시대가 어떻게 돌아가든 가난한 환자를 위한 의사로서의 사명에 충실했다. 그렇게 가난하고 힘없는 자들에게 희망을 안기고 떠났다. 지난 2024년 3월부터 서울백병원을 떠나 군포 지샘 병원 통합암병원장으로 새 출발하게 된 장여구 박사가 바로 장기려 박사의 친손자다.

우리는 앞서 신약성경의 인물들에 대하여 살펴보았다. 예수님의 삶을 따랐던 신약성경의 인물들이 우리의 삶의 메시지며 대안이 되어야 한다. 예수의 삶과 가르침은 단지 그를 구원자로 고백하는 사람들만이 아니라, 그의 삶을 사랑하고 존경하는 모든 이들에게 진리와 사랑의 샘물이 될 수 있다. 예수님을 닮았던 신약성경에 인물들의 삶은 길을 찾는 이들에게 길이 되어 준다.

길과 진리와 생명으로 예수님을 따랐던 신약성경에 인물들의 삶과 가르침은 현대를 살아가는 개인이나 인류가 안고 있는 산적한 문제를 근본적으로 풀어주는 명료한 삶의 대안(代案)이다. 신약성경의 인물들에게 찾아오신 것처럼, 하나님은 그런 의심하던 이에게, 아픈 이에게, 우는 이에게, 죽은 이에게, 꿈을 잃어버린 이들에게 찾아오셔서 다시 일으켜 세우신다.

이 장에서 언급한 것처럼 신앙에서 멀어졌던 자신을 돌이키게 한 과정을 간증한 이들이 신약성경의 인물들처럼 예수님을 만난 사람들의 놀라운 사례들이 오늘날에도 많다. 1989년 중국 민주화 항쟁에 참여한 죄목으로 투옥되었다가 중국에서 탈출한 한 정치적 무명의 난민이 있었다. 그는 미국 노스캐롤라이나에서 대학을 다니게 되었고, 수업을 위해 영국의 작가 존 밀턴(John Milton, 1608~1674)의 저서 『실낙원』(Paradise Lost)을 읽었다. 그 결과, 그는 기독교의 복음을 받아들였고, 그것이 그의 인생을 바꿔 놓았다.

토의를 위한 질문

1. 예수님의 열두 제자는 나의 삶에 어떤 영향을 주는가?

2. 바울은 나에게 누구인가?

3. 예수님을 만난 사람들은 나에게 어떤 도전을 주는가?

참고문헌

김 진. 『통째로 예수 읽기』. 서울: 왕의서재 2011.

김형석. 『교회 밖 하나님 나라』. 서울: 두란노, 2019.

박창영, 서인선. 『신약의 이해』. 안양: 성결대학교 출판부, 2004.

이길부. 『다문화 사회 바로알기』. 서울: 쿰란출판사, 2012.

이동원. 『열두 사도 이야기』. 서울: 두란노, 2020.

이수환. 『인문학으로 기독교 톺아보기』. 서울: 세움북스, 2020.

정은찬. 『바울, 마케도니아에 가다』. 서울: IVP, 2023.

지강유철. 『장기려 평전』. 서울: 꽃자리, 2023.

지형은. 『신약의 사람들』. 서울: EBS BOOKS, 2023.

조명신. 『흔들려도, 다시, 오늘』. 서울: 좋은씨앗, 2023.

조영민. 『예수님을 만난 신약의 사람들』. 서울: 죠이북스, 2023.

차준희. 『성도가 묻고 성경이 답하다』. 서울: CUP, 2022.

Leland Ryken. & Glenda F. Mathes. 『잃어버린 독서의 예술 되찾기』. 홍종락 역. 서울: 무근검, 2022.

N. T. Wright. 『바울 평전』. 박규태. 서울: 비아토르, 2020.

N. T. Wright. & Michael Bird. 『신약성경과 그 세계』. 박규태 역. 서울: 비아토르, 2024.

Peter Walker. 『바울의 발자취를 따라서』. 박세혁 역. 서울: CUP, 2023.

F. F. Bruce. 『예수님의 수제자들』. 이광호 역. 서울: CLC, 1986.

4장

성령님은 누구신가?

성령은 어떤 특정 교단이나 운동의 전유물이 아니다. 성령은 특정한 세대나 시대에 국한될 수 없다. 성령이 보냄을 받은 것은 예수에 대해 알려 주고, 그리스도의 몸 전체에 능력을 주기 위해서이다. 다시 말해, 성령은 신앙인의 마음을 집으로 삼았으며, 신앙인의 삶으로 선을 이루실 것을 약속했다. 신앙인은 그냥 성령에게 통제권을 내어서 맡기면 된다. 성령보다 더 좋은 친구이자 동반자는 세상에 없다. 삶의 모든 고생과 기쁨에서도 성령은 신실하게 신앙인과 동행한다.

이에 본 장에서 성령은 결코 신앙인을 버리거나 떠나지 않고, 그만큼 신앙인을 사랑하시고 기뻐하기 때문에 신앙인에게 한없이 놀랍기도 한 성령에 대하여 살펴보고자 한다.

성령의 존재

드와이트 무디
(Dwight L. Moody, 1837~1899)

미국 시카고 출신의 부흥사였던 드와이트 무디(Dwight L. Moody, 1837~1899) 목사는 보기 드문 대설교가였다. 초등학교 중퇴의 학력으로 세계적인 대 전도자가 된 것은 성령의 충만함을 받았기 때문이다. 그런 무디가 이런 고백을 했다. 그가 매우 고심해서 설교를 준

비해도 늘 허공을 때리는 것만 같았다. 한 여성 신앙인도 입버릇처럼 "무디 씨의 설교에는 힘이 없다"라고 말하기도 했다. 그 부인에게 기도를 요청하고 함께 기도하며 성령의 충만을 구했다. 시카고의 대화재 후, 무디가 뉴욕에 갔을 때 이상한 힘이 머리 위를 누르는 것을 느꼈다. 무디는 즉시 호텔로 돌아가 "오 하나님, 손을 멈추어 주옵소서"라고 기도했다. 그런데 하나님께서 자기가 견딜 수 없을 때까지 성령을 부어 주셨고, 이후에 성령의 능력이 나타나 힘 있게 복음을 전하게 되었다. 이 이야기를 통해서나 성경을 볼 때도 우리가 영이라는 단어보다 성령의 단어에 더 익숙하다.

 기독교에만 있는 개념 가운데 하나가 성령이다. 성령은 삼위일체 하나님 가운데 한 분이다. 성부 하나님, 성자 하나님(예수님)과 함께 태초에 계셨던 분이 성령 하나님이다. 구약시대에는 왕, 제사장, 예언자 같은 특별한 사람에게 임해서 역사하시다가 예수님이 부활 승천하신 후에는 예수님을 대신하여 모든 신앙인을 돌보고 계신다.

 성령은 인격적인 분이다(요한복음 14:16-18). 우리를 위해 탄식하시며, 감성도 가진 분이다(로마서 8:26). 그뿐만이 아니라 우리가 성경을 읽을 때 깨닫도록 하시며, 성결하게 살 수 있도록 도와주신다. 믿은 자들에게 보내심을 받아 그들 안에 거하시고, 인도하시고, 가르치시고, 은사를 주시고 능력을 주시며, 모든 믿는 자에게 성령의 열매를 맺게 하신다(요한복음 16:13, 고린도전서 12:4, 사도행전 1:8, 갈 5:22-23). 그는 세상을 죄에 대하여, 의에 대하여, 심판에 대하여 책망하신다(요한복음 16:7-11).

성령에 대한 오해가 더러 세 가지가 있다. 첫째, 성령은 물건처럼 주고받을 수 있는 게 아니다. "성령을 받아라", "불 받아라"라는 말로 인해 이런 오해를 많이 한다. 예수님이 성령을 받으라고 하신 것은 인격적인 성령님을 영접해 모셔 드리라는 것이다. 그가 하시는 대로 순종하라는 말씀이지 물건처럼 여기라는 게 아니다. 둘째, 성령은 우리가 마음대로 소유할 수 있는 대상이 아니다. 성령을 소유물로 생각하면 마음대로 부릴 수 있다고 여겨 자신이 원하는 장소와 시간에 성령이 역사하게 할 수 있다고 여긴다. 흔히 이단 종교들이 그렇다. 병도 고치고, 방언도 터지게 하고 등등 자신들이 성령을 역사하게 해 그런 일을 마음대로 할 수 있다고 생각한다. 특히 부흥 집회에서 그러기 쉽다. 다른 것이 아니라 틀린 것이다. 성령이 우리를 소유하신다. 성령의 마음이다. 성령이 필요하면 역사하나 우리가 잘못하면 떠나신다(시편 51:9-11). 셋째, 성령 받은 증거를 방언할 줄 아는가로 판정할 수 없다. 한국에 성령 받으면 반드시 방언할 줄 알아야 하는 풍조가 생겼다. 방언할 줄 모르면 성령을 받지 않았다고 여기는 것이다. 아니다.

우리가 회개하고 주님을 영접할 때 이미 성령을 받았다. 성령을 받지 않고는 주님을 영접할 수 없다. 늘 그 상태가 온전하게 유지되도록 하는 것이 성령 충만이다. 사탄의 세례, 즉 옛사람, 혹은 내 육적인 욕망이 조금도 틈타지 못하는 상태, 그게 성령 충만이다. 사랑의 교회 고 옥한흠 목사님처럼 존경받는 분도 끝내 방언의 은사는 받지 못했다고 고백했다.

아울러 방언의 은사는 성령의 은사 중 하나일 뿐이지 가장 큰 것도 아니다. 심지어 폐지될 것이라고도 했다. 은사는 모두 교회를 섬기기 위해 주신 것이다. 고린도 교회는 성령의 은사가 충만한 교회였지만 영적으로 성장하지 못했다(고린도전서 1:4-7; 3:1-4). 분열과 분당이 심했으며(고린도전서 1:10-4:21), 서로 자기가 받은 은사가 더 크다고 자랑하며 뽐내는 신앙인이 꽤 많았다. 방언의 은사도 자랑하기 위해 공적인 예배에서 소란을 피워 예배 질서가 흐트러져 바울의 지적을 받았다. 성령을 받은 증거는 방언하는 능력이 아니라 성령의 9가지 열매다(갈라디아서 5:22-23). 사랑, 희락, 화평, 오래 참음, 자비, 양선, 충성, 온유, 절대가 그것이다. 이것이 없다면 성령을 받은 사람이 아니거나 성령 충만한 상태가 아니다. 나날이 인격이 변화해 가는 사람이 성령으로 충만한 사람이다. 성령의 인도를 따르기에 그럴 수 있다. 그가 진리 안에 사는 신앙인이다(요한복음 14:17).

전 성결대학교 역사신학 교수 배본철은 "성령(Holy Spirit)에 대한 주제는 그리 쉽게 다룰 수 있는 문제가 아니다"라고 하였다. 알고 보면, 성령은 교회에서 가장 잘못 이해되고 있는 것 중에 인격체이다. 그리고 성령에게 붙여진 호칭이나 상투적인 문구는 수없이 많으나 성령의 실체를 제대로 아는 신앙인은 별로 없다는 것이다. 따라서 성령의 연구는 신앙인에게 있어서 하나님의 말씀인 성경의 여정을 통해 성령의 인격을 바르게 소개하는 데 있다.

구약성경에서 약 100번 정도가 성령에 대한 인용이다. 창세기 1장 2절에서부터 "하나님의 신은 수면에 운행하시니라"(the Spirit of God was moving over the water)라고 하였다. 하나님의 신으로 불리는 성령은 천지를 창조할 때 역사하신 것으로 나타난다. 성령은 우주의 창조나 죽은 생명을 새 생명으로 거듭나게 하는 일을 하신다. 그래서 처음 사람을 만드실 때도 흙으로 빚어진 아담의 코에 다 생기(生氣)를 불어넣어 생명 있는 존재가 되게 하셨다(창세기 2:7).

여기서 생기란 성령으로서 히브리어로 '루아흐'(רוח)인데, '바람', 혹은 '숨', '영'을 가리킨다. 이러한 표현들은 이 자연력이 하나님 자신

오순절 성령강림 사도행전 2장

에 의해 일어나고 보내졌다고 믿기에 가능한 것이다. '루아흐'는 그리스어로 번역할 때 '프뉴마'(πνευμα)라는 단어로 사용되었다. '프뉴마'는 '바람', '숨', '호흡', '영', '영혼', '성령'이라는 뜻이다. 이처럼 '프뉴마'는 신체적인 움직임에 생기를 주는 힘으로 성령이다. 따라서 성경에서 사용된 성령의 호칭들 가운데 중요하게 생각되는 것을 살

펴볼 수 있다.

성령의 이름

하나님의 영

성령은 '하나님의 영'(Spirit of God)이라는 호칭이다. 하나님의 영 외에는 하나님의 사정을 아무도 알지 못한다(고린도전서 2:11). 성령은 삼위일체 하나님 가운데 한 분으로 하나님의 한 부분이 아니다. 즉, 하나님이 자신이다. 삼위일체란 하나님에게는 삼위, 즉 성부, 성자, 성령인데, 그 삼위가 세 하나님이 아니고 한 하나님이시라는 교리이다.

남아프리카의 가장 사랑받았던 설교자요, 250여 종의 책을 쓴 세계적 명성을 지닌 저술가 앤드류 머레이(Andrew Murray, 1828~1917)는 성령을, "성부와 성자와 하나이시다"라고 하였다. 특히, 하나님의 창조라는 드라마에는 구별된 세 개의 배역을 맡으실 구별된 세 분의 배우가 필요했다. 하나님은 자신을 성부, 성자, 성령이라고 호칭하셨다. 좀 더 쉽게 하면, 하나님은 설계사, 예수는 감독, 성령은 집을 짓는 인부들로 해당한다.

성령은 창조 세계를 나타내는 분이다. 집을 지으려면 이 세 역할이 꼭 필요로 한다. 그러므로 성령은 하나님께 속한 영이 아니라 하나님 그 자신이시다. 예수가 부활하시고 승천한 다음 성령 하나님은 인간에게 오셨는데, 예수는 인간의 육체를 입고 인간과 함께 계셨던 하나님이시라면 성령은 영으로 세상 끝 날까지 인간과 함께 계시는 하나님이시라는 것이다.

그리스도의 영

성령은 '그리스도의 영'(The Spirit of Christ)이라고도 한다(베드로전서 1:11). 그리스도의 영, 성령을 받은 자가 신앙인이다. 성령을 받지 않았다면 신앙인이 아니다(로마서 8:9. 왜냐하면 신앙인이 성령을 받고서도 이를 알지 못할 수 없기 때문이다(요한복음 14:17; 14:20). 인간은 하나님의 아들, 그리스도를 믿는 일과 아는 일을 통해 점차 그리스도의 모습으로 닮아가게 된다. 그런데 주님을 더욱 깊이 믿고 알게 되는 일은 바로 성령과의 인격적인 교제를 통해서만 구체화 된다. 성령과 친근히 교제하면 할수록 인간은 성령을 통해 그리스도와 하나가 되는 인식을 갖게 된다(요한복음 14:20).

보혜사

사회가 불안할수록 범죄가 늘어나다 못해 그 양상 또한 사뭇 달라진다. 이러한 현상은 그만큼 경제나 사회가 불안하다는 것을 반영한다. 이럴 때 인간들은 자신을 위로해 주고 마음의 평안을 가져다줄 대상을 찾는다. 그래서 성경에는 인간들 옆에서 변호도 해주고 위로를 해주는 존재를 그리스어로 '파라클레토스'(παρακλητος)라 부른다. 새 국제판(New International Version) 영어 성경에서는 '상담자'(counselor)라고 번역되어 있다.

이처럼 '파라클레토스'는 인간 옆에서 위로하시는 성령을 가리킨다. 우리말 성경에서 예수는 성령을 '보혜사'(保惠師)라 부르셨다(요한복음 14:26). 보혜사란 '은혜로 보호하시는 스승'이라는 뜻이다. 그러므로 인간은 보혜사라고 부르는 성령에게 지도나 격려를 제공하도록 도움을 요청할 수 있다. 성경에서 일치하는 성령은 곧 인격의 속성으로 인간과 교제하기를 원하신다. 사실상, 예수 그리스도가 인간 안에 오시고 또 인간 안에 동거하실 수 있는 것은 그분의 육체가 아니라 오직 영으로서만 가능하다. 신비롭게도 이러한 성령의 초월적인 능력은 시간과 공간을 초월하여 예수 그리스도와 인간들 사이에 다리를 놓는 힘으로 작용한다.

그래서 오직 신앙이라는 도구가 있어야만 예수가 성령을 통해 인간 안에 오시며, 살아 있는 인격자로서 인간 안에 거하게 된다. 이 위대한 접촉이 발생하게 되는 시점은 인간이 예수를 구주와 주님으로 고백하게 될 때다. 이러한 고백은 인간들 스스로 어떤 추론이나 판단의 결과가 아니라 성령이 부여하는 초자연적인 선물인 신앙의 결과이다. 이때부터 성령은 예수 그리스도와 인간이 연합된 십자가와 부활의 능력을 인간의 삶 속에 드러낸다. 이처럼 보혜사, 즉 성령 하나님은 인격적인 분이시다.

성령은 인격적으로 인간 안에 내주하심으로 인간과 교제하기를 원하신다(요한계시록 3:20). 성령은 지성과 감성, 그리고 의지를 지녔기 때문에 인간의 영혼과 지성의 기능을 통해 교제하기를 원하신다. 인간은 성령과의 친숙한 교제를 통해 하나님과 동행(同行)하는 삶을 살 수 있는 것이다.

진리의 영

성령은 '진리의 영'(The Spirit of Truth)이라고도 부른다(요한복음 14:16-17). 요한복음은 특별히 보혜사 성령을 진리의 영으로 이해했다. 성령은 그리스도 안에 계시 된 진리 안에서, 진리와 함께 진리를 통해서 역사한다. 성령은 그분을 인정하는 인간에게 특히 진리의 길을 가르쳐 준다(요한복음 16:13). 이러한 성령의 내적인 인도는 언제나 인간의 깊은 양심(良心)을 통해서 깨달아진다. 그래서 바울은 자기가 범사에 하나님을 섬겼고(사도행전 23:1), 사람에 대하여 양심을 지켰다고 하였다(사도행전 24:16).

인간이 언제나 양심을 청결히 지켜야 하는 이유는 바로 이 양심의 거울을 통하여 성령의 인도를 받을 수 있기 때문이다. 그러므로 양심의 기능을 활용하는 일은 인간의 생활에 있어서 매우 중요한 것이다. 그래서 17세기 청교도들은 실제로 양심에 대하여 매우 깊은 관심을 가졌다. 그 이유는 양심이란 곧 하나님이 인간들에게 자신의 말씀을 전하는 지적기관이라고 생각했기 때문이다. 그들은 양심의 조명과 교훈, 그리고 정화를 통해 영혼을 깨끗하게 유지하는 일은 중요하다고 보았다. 성령은 독자적으로 일하기보다 예수 그리스도에게 온전히 매여 있는 것처럼 그리스도 중심적으로 일하신다.

그 외에도, 성령은 '여호와의 영'(이사야 11:2), '주 여호와의 영'(이사야 61:1), '그 아들의 영'(갈라디아서 4:6), '영광의 영'(베드로전서 4:14), '주의 영'(28번), '영원하신 성령'(히브리서 9:14), '예수 그리스도의 성령'(빌립보서 1:19), '지혜의 영, 총명의 영, 모략의 영, 재능의 영, 지식의 영, 여호와를 경외하는 영'(이사야 11:2), '너희 아버지의 성령'(마태복음 10:20), '은혜의 성령'(히브리서 10:29), '심판의 영, 소멸의 영'(이사야 4:4), '생명의 성령'(로마서 8:2), '능력의 영, 사랑의 영, 절제하는 영'(디모데후서 1:7), '예언의 영'(요한계시록 19:10), '성결의 영'(로마서 1:4), '거룩한 신들의 영'(다니엘서에서 4번)이라고 불린다. 이러한 성령이 하나님이시라는 사실을 인간들에게 분명히 보였으면 좋겠다. 성령은 인간들의 영혼육(靈魂肉)이 강건하게 해주기를 원하신다.

과거 대중음악가 신중현은 1974년 작곡한 〈미인〉이라는 노래가 널리 알려져 있다. 그의 가사는 이렇다. "한 번 보고 두 번 보고 자꾸만 보고 싶네." 인간의 육안이 아름다운 대상을 자꾸 보게 되는 것처럼 인간 마음의 눈도 아름다운 영적 대상에게 끌리게 되는 것이다.

인간과 성령

기독교의 올바른 이해는 창조주 하나님에 대한 이해와 십자가에서 피 흘리심으로 인간의 모든 죄를 사하여 주신 예수에 대한 바른 이해가 중요하다. 하지만 예수가 승천하신 이후 세상 끝 날까지 인간과 함께 계셔서 항상 역사하시는 성령에 대한 바른 이해도 그에 못지않게 중요하다. 하나님의 창조로부터 시작하여 예수 그리스도의 화해(和解)를 거쳐 종말의 완성에 이르는 구원사 구성에서 성령은 대단히 중요한 위치를 차지한다. 싸운 친구와 왜 화해를 해야 하는가? 그것은 더 좋은 친구가 되기 위해서 화해하는 것이다. 화해하지 않으면 친구로 지낼 수 없다. 화가 났더라도 먼저 사과하고 다가가는 것이 인간에게 필요하다.

구체적으로, 성령의 일하심은 창세기 1장부터 요한계시록 22장에 이르기까지 구원의 전 역사에 걸쳐서 나타나기 때문이다. 그러나 성령의 가장 주요한 일하심은 예수 그리스도께서 완성하신 구원의 사건이 예수의 재림과 종말 때까지 모든 세대에 연속적으로 이어져가게 하는 것이다. 그것은 2,000년 전 예수께서 십자가에 달려 돌아가심으로 완성하신 구원의 역사가 오늘 나에게 구체화 되어야만 한다. 그렇지 않으면 그것은 단순한 역사의 사건에 불과하며, 나와는 전혀 상관이 없는 일이 되고 말 것이다. 예수의 십자가 사건은 인간 안에서 오늘 다시 현실화가 되어야만 하는데, 그것을 실현하는 것이 바로 성령이다. 그래서 예수는 부활하시고 승천하신 후에 인간에게 오셔서 인간과 함께하시는 하나님이 바로 성령 하나님이라고 부른다.

영국 캠브리지대학교(Cambridge University) 조직신학 교수 앨런 카페지(Allan Coppedge)는 성령 하나님의 삼위일체를, "사도행전과 서신서, 그리고 요한계시록에 기록된 것처럼, 예수의 삶과 하나님의 본성을 해석 함에 있어 세 분 각자의 신적 본질에 대해 그들이 훨씬 더 충분

앨런 카페지(Dr. Allan Coppedge) 교수

한 이해가 있다는 것이다. 이 신적 본질의 하나 됨은 세 분 모두의 이름, 속성, 사역, 역할, 그리고 기독교의 예배를 묘사하는 일반적인 방식에서 볼 때, 아버지는 하나님, 예수는 하나님, 성령은 하나님이시다. 하나님은 한 분이시다"라고 하였다.

예수가 이 땅에 오셔서 33년 동안을 계셨지만, 성령은 예수가 승천하신 후 인간에게 오셔서 세상 끝 날까지 함께 하실 것이다. 성령은 인간과 함께하기 위해서 다음과 같이 네 가지로 일하신다.

성령은 죄를 깨닫게 한다

성령은 신앙인과 교회의 모든 활동에 관여한다. 성령의 두드러진 활동으로 사도행전은 성령행전의 별명으로 불리기도 한다. 성령은 신앙인들에게 권능을 주어 위협적인 상황에서 담대하게 하나님의 말씀을 전하게 한다. 성령은 사람의 마음을 꿰뚫어 볼 수 있는 통찰력을 주셨다. 성령은 사도들과 더불어 예수를 증언했다. 어떤 사람들은 성령이 충만하여 교회를 섬기는 일에 뽑히기도 했다. 성령은 교회를 위로하고 후원하여 그 수가 많아지게 했다. 성령은 복음을 전파하기 위해 파송 받을 사람을 세우게 하고 그들을 인도했다. 성령은 예루살렘 교회가 유대인과 이방인의 문제를 해결하는 데 동참했다.

그 외에, 성령의 활동은 참으로 다양하다. 성령은 사도들에게 부어졌고, 그들에게 권능을 주었으며, 또 회개하고 죄 사함을 받은 자들에게 주어졌다. 성령은 죄가 무엇인지, 의가 무엇인지, 심판이 무엇인지에 대해 깨닫게 한다(요한복음 16:8). 이것은 성령의 역사로 인해 인간 안에 여전히 죄가 남아 있다는 자각일 것이다. 성령의 밝은 빛으로 인간의 삶이 조명될 때 비로소 하나님 앞에 설 수 없는 죄인이라는 사실을 깨달을 수 있다. 성령으로 말미암지 않으면, 인간은 상대적인 의에 사로잡혀 자신은 죄인이 아니라며 다른 사람보다 나은 사람이라고, 즉 의인이라고 착각하며 살아가게 된다.

이처럼 자신이 죄인임을 깨달을 때 비로소 구주이신 예수를 생각할 수 있게 된다. 예수에게 나아가게 된다. 예수를 붙잡음으로 구원을 이룰 수 있게 된다. 그러므로 자신이 죄인임을 깨닫고 인정하는 것처럼 구원에 중요한 일이 없는데, 바로 그 일을 성령에게 감당하신다. 그러니 성령에게 내 삶에 드나드실 수 있도록 출입문을 내고 통로를 마련하는 일이다. 대개 성령은 이 통로를 통해 내 생각 속으로 들어오신다.

죄를 깨달은 신앙은 불확실 속에서도 성령에게 나를 이끌어 가신다는 신뢰다. 신앙이 필요하고 요구되는 것은 불확실한 상황에도 첫발을 내딛기 위해서다. 천근만근 첫발을 내디디면 그다음은 성령이 이끌어가신다. 신앙인도 결국에만 알 뿐 과정은 어떻게 펼쳐질지 모른다. 그런데도 의심과 두려움에서 그 길을 선택하는 것은 성령이 하실 일을 기대하기 때문이다. 내가 세운 계획대로 되지 않아도 성령은 죄를 깨닫게 하실 뿐만 아니라 나의 길을 인도하고 계신다.

성령은 예수 그리스도를 알게 한다

인간이 죄인이라는 사실을 아는 것만으로는 구원을 얻을 수 없다. 인간이 죄인임을 아는 것과 더불어 구원에서 중요한 것이 있다. 그 것은 예수가 인간의 주님이심을 아는 것이다. 예수가 인간의 주님이라는 사실은 그 증명이 불가능하고 설명도 불가능하다. 그러므로 이러한 사실을 믿고 안다는 것 또한 불가능에 가까운 일이다. 그런데 그 불가능한 일을 성령이 하신다(고린도전서 12:3). 인간은 예수를 나의 주님으로 인정하고 믿는 것이 얼마나 놀라운지 모른다.

그리고 세상에 수많은 사람이 예수 그리스도를 자기의 주님으로 고백하고 따른다는 것이 얼마나 신기한지 모른다. 이러한 기적들이 수천 년 동안 계속되었고, 앞으로도 계속될 것이라는 사실이 얼마나 놀라운지 모른다. 사람으로서 불가능한 그 일을 바로 성령이 하고 있다. 성령으로 말미암지 않고는 어떤 사람도 예수를 주(主)라고 할 수 없다. 그것은 세상 모든 사람이 예수를 주(主)라 시인하며 믿고 사는 일 모두를 성령이 하신다는 의미이다.

성령은 예수의 생애와 사역에 참여하셨다. 다시 말해, 예수의 동정녀 탄생을 가능하게 하였다(마태복음 1:18-20). 40일 금식 후, 예수는 마귀에게 시험을 받으실 때 성령의 인도하심이 있었다(마태복음 4:1). 예수가 세례를 받으실 때, 성령은 비둘기같이 임하셨다. 그리고 예수는 성령의 능력으로 병을 고치기도 하시고 말씀을 전하기도 하셨다(누가복음 4:14). 우리가 원망하는 눈으로 하늘을 바라본 적도 많았다. "제게 이러시면 안 되잖아요"라고 애걸한 적도 많았다. 허무하게 증발하는 시간에 예수님을 배우고 말씀을 묵상하는 시간으로 대체하면, 그에 못지않게 슬픔을 기쁨으로 바꿔 주실 은혜로 웃는 날이 많을 것이다. 그때마다 얼굴에 드리웠던 그늘은 걷히고, 마음에 졌던 주름은 펴질 것이다.

성령은 다른 사람을 사랑하게 한다

기독교의 기본 진리는 무엇보다 사랑이다. 사랑은 율법의 완성이며(로마서 13:10), 인간들을 하나로 묶는 띠와 같은 것이다(골로새서 3:14). 미국 스탠퍼드대학교(Stanford University)에 다니는 가난한 두 학생이 폴란드의 세계적인 피아니스트 파데레브스키(Ignacy J. Paderewski, 1860~1941)를 초청해 음악회를 열기로 하였다. 그것은 판매 수익금으로 학자금을 마련하겠다는 생각이었다. 하지만 티켓 판매는 예상보다 저조했고, 오히려 빚만 안게 될 위기에 처했다. 이 소

피아니스트에서 폴란드 대통령이 된 이그나치 파데레브스키
(Ignacy J. Paderewski)

식을 들은 파데레브스키는 자신이 받은 수익금 전액을 그들에게 돌려주며 두 사람의 인생을 응원해 주었다.

파데레브스키는 훗날 폴란드 대통령이 되었다. 당시 유럽은 세계 대전 후유증으로 극심한 빈곤에 처했다. 이에 파데레브스키는 미국에 식량 원조를 요청했고, 당시 미국의 31대 대통령 허버트 후버(Herbert C. Hoover, 1874~1964)는 아낌없이 도움을 주며 이렇게 말했다. "기억하십니까? 그때 참 고마웠습니다. 제가 스탠퍼드대학교를 다녔던 가난한 시절, 파데레브스키 대통령의 무조건적인 도움이 아니었다면 지금의 저도 없었을지 모릅니다."

이처럼 성령은 다른 사람을 사랑하게 만드신다. 성령은 인간의 이성과 상식으로 이해되지 않는 것을 믿고 받게 하신다. 성령은 우리를 사랑하기 때문에 그냥 내버려 두지 않으신다. 사랑하기 때문에 그분은 간섭하고 개입하신다. 이 땅에 선지자들을 보내시고, 그곳도 모자라 결국 외아들까지 보내신 것도 그것 때문이다.

성령은 성결한 삶을 살게 한다

성령은 인간을 구원하는 사역뿐만 아니라 깨끗하게 하시는 성결의 삶을 이루게 하신다. 삼위일체 하나님의 근본적 속성은 '성결'(holiness)이다. 성결은 성부, 성자, 성령을 하나로 묶는 키워드이기도 하다. 구약성경에서 '성결하다'란 형용사는 3번, 신약성경에서는 91번 이상 사용되었다. 성결은 삼위일체 하나님의 본성을 잘 드러내는 대표적 표현이다. 삼위일체 성령은 인간의 영을 살릴 뿐만 아니라 인간의 마음을 성결하게 하신다(사도행전 15:8-9).

그래서 성령은 인간의 마음속에 성령의 역사에 대한 확신을 준다. 성령이 함께하는 인간의 마음은 최선을 다해 성결한 삶을 살아가기 위한 자리다. 역사적으로, 성결한 삶을 삶았던 한 사람을 한 예로 들어 보자. 민족 구성원 모두가 참여한 3.1운동은 이제껏 일본제국주의에 무기력하게 짓눌려 온 굴종의 삶에 대한 성결한 공동체의 저항이었다. 교파에 따라 개교회를 통한 긴밀한 연결망을 가진 기독교는 독립 만세운동이 전국적으로 퍼져나가게 하는 구심점이 되었다. 수많은 신앙인이 관여한 이 운동에 성결교회의 참여는 당연지사였다. 3.1운동 100주년을 기념하는 시점에서 이 운동에 참여한 성결교회와 신앙인들의 활동을 찾아 기억하는 작업은 민족에 대한 뜨거운 애정을 가졌던 신앙인 선배들의 모습에서 세상의 아픔에 동참했던 진지한 신앙인의 모습을 볼 수 있기 때문이다.

특히, 성결대학교 설립자 영암(靈岩) 김응조(金應祚, 1896~1991) 목사는 3.1운동 당시 경성성서학원(京城聖書學院) 학생이었다. 독립운동가 김응조는 연희전문, 보성전문, 이화여전, 감리교신학교와 경성성서학원 대표들과 함께 3.1운동에 참여하였다. 이로써 수감 되어 김응조는 1919년 3월부터 1920년 4월까지 약 1년에 걸쳐 형무소에서 복역하였다. 이처럼 성령은 인간들이 성결한 생활을 하도록 인도하신다. 성령은 곤경에 처한 인간의 연약함을 도우신다. 인간과 함께 기도해 주시는 고마운 하나님의 영이 성령이다(로마서 8:26).

성결대학교 설립자 영암 김응조 목사 (1896~1991)

26 이와 같이, 성령께서도 우리의 약함을 도와주십니다. 우리는 어떻게 기도해야 할지도 알지 못하지만, 성령께서 친히 이루 다 말할 수 없는 탄식으로, 우리를 대신하여 간구하여 주십니다(새번역, 로마서 8:26).

우리는 앞서 성령님은 누구신가에 대해서 살펴보았다. 성령은 신사다. 성령은 인간에게 자기의 뜻을 강요하지 않으신다. 인간 쪽에서 관계를 거부하면 성령은 침묵하신다. 관계의 최종 목적은 무엇인가? 그것은 바로 관계를 통한 깊은 인격적인 사귐이다. 성령은 인간의 친구가 되기를 원하신다.

사실 성령은 인간과 친밀하게 사귀기를 원하신다. 그래서 야고보서 4장 5절은 말하기를, "너희는 하나님이 우리 속에 거하게 하신 성령이 시기하기까지 사모한다고 하신 말씀을 헛된 줄로 생각하느냐"라고 하였다. 성령이 사모하는 것은 인간과 친밀함에 있다. 성령은 시기할 정도로 인간을 사모하신다. 이것은 인간이 다른 애인들과 놀아나는 것을 성령이 결단코 용납하지 않는다는 뜻과 같다. 만약 한 남자가 다른 여자와 바람피우는 것을 자기의 아내가 그냥 두지 않는 것과 마찬가지이다.

하나님이 성령을, 거룩한 영을 주신 것은 분명한 의도가 있다. 거룩한 영의 표현은 하나님의 백성을 인도하는 데 도덕적인 목적이 포함된다. 거룩한 영을 주심은 거룩한 영을 받은 사람들이 거룩한 삶을 살라는 것이다. 거룩한 뜻을 실천하도록 인도하는 일이 하나님의 영이다. 그래서 2011년에 작고한 영국의 유명한 복음주의 신학자 존 스토트(John Stott, 1921~2011)는 날마다 아침에 일어나자마자 했던 것이 기도이다. 그는 매일 아침에 성령이 자기의 삶 속에서 성령의 열매가 익어가도록 기도하게 했다는 것이다. 무엇보다 하나님의 영이, 성령이 하시는 일은 신앙인들에게 사람을 사랑하고 신뢰하도록, 따르는 그 예수를 점점 더 닮아가도록 하는 것이다.

성령의 소통하심은 인간과 하나님과의 사이에만 아니라, 인간과 인간과의 관계를 넘어설 뿐만 아니라, 인간과 자연의 사이에서도 역사하신다. 오늘날은 아시시의 성 프란치스코(Francis of Assisi, 1182~1226)가 자연을 찬미하고 자연 속에서 자연과 대화하며 하나님의 자비와 섭리를 경험했던 그러한 영성이 절실한 시대다. 예수 그리스도를 통해서 신앙인은 삶 전체에서 안에서부터 밖으로 빚어 가도록 성령 충만해야 한다.

신앙인은 인간에게 주신 성령으로 인간의 마음에 부은 바 된 하나님의 사랑을 가져야 한다. 성령과 동반자(partner)로 살아가는 인간의 생활은 신앙과 희망과 사랑을 모두 가지고 있어야 한다. 그중에 제일 중요한 것은 인간의 사랑을 뛰어넘는 하나님의 사랑이다. 하나님의 사랑은 이 모두를 완성 시켜 주는 것이다.

토의를 위한 질문

1. 성령은 나에게 어떤 분이신가?

2. 성령의 이름에 대해 말해 보고, 어떤 의미인가?

3. 성령은 인간에게 어떤 유익을 주는가?

참고문헌

김진태. 『하나님의 무브먼트』. 서울: 코디엠, 2024.

배본철. 『성령, 그 위대한 힘』. 서울: 넥서스, 2014.

서인선 외 3인. 『현대인과 성경』. 안양: 성결대학교, 2018.

이복규. 『기독교 이해의 길잡이』. 서울: 새물결플러스, 2023.

이수환. 『인문학의 기독교 톺아보기』. 서울: 세움북스, 2020.

조명신. 『흔들려도, 다시, 오늘』. 서울: 좋은씨앗, 2023.

차준희. 『구약 예언서 수업』. 서울: 감은사, 2024.

차준희. 『6개의 키워드로 읽는 이사야서』. 서울: 성서유니온, 2020.

Allan Coppedge. "웨슬리안의 하나님 이해." 「성결교회와 신학」 40(2018).

Andrew Murray. "The Holy Spirit in The Family". *Herald of His Coming*, February 2013, 9.

Christopher J. H. Wright. 『크리스토퍼 라이트의 성령의 열매』. 박세혁 역. 서울: CUP, 2020.

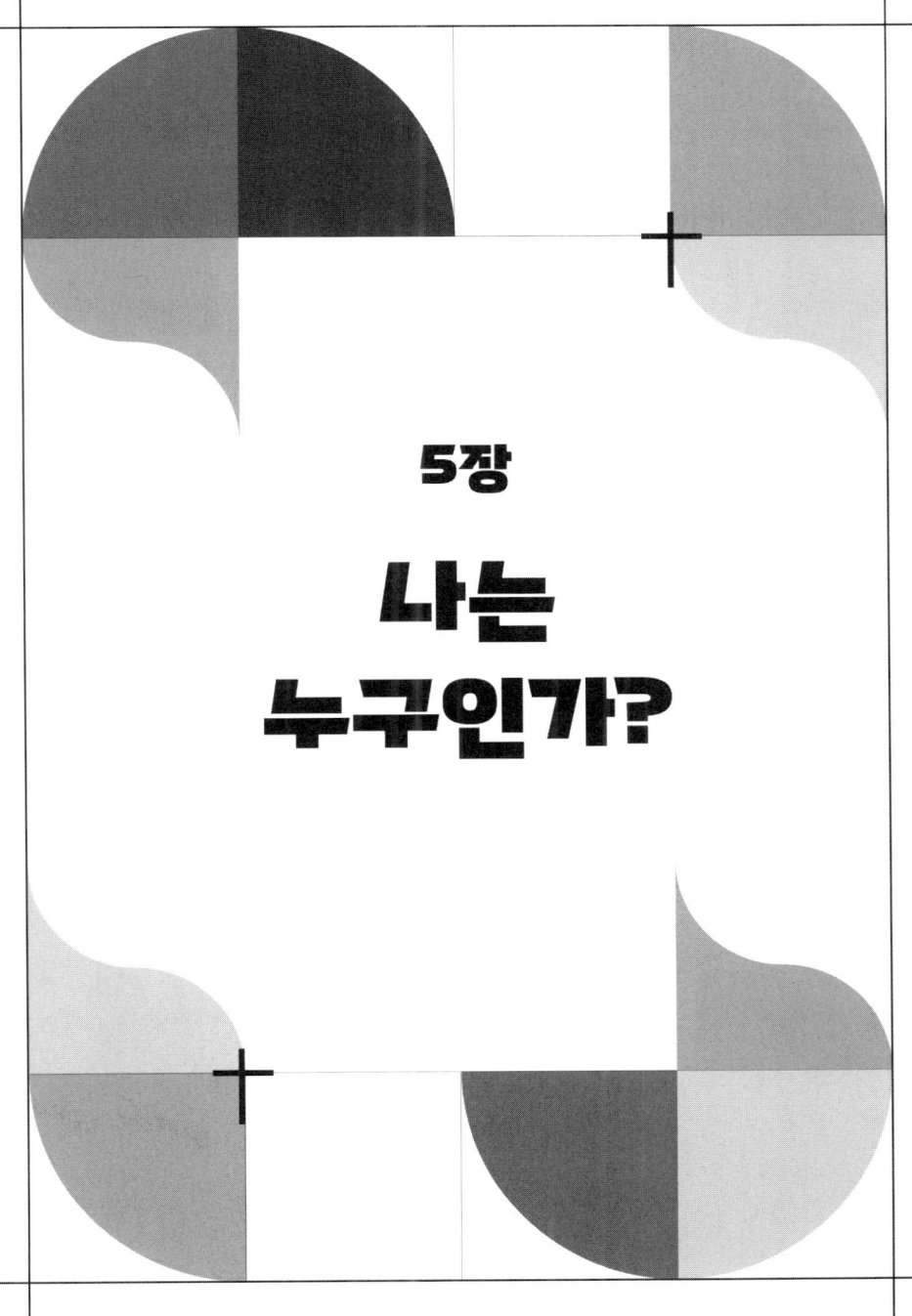

인문학 최고의 공부 '나는 누구인가'라는 질문을 던지는 존재는 인간밖에 없다. 그것은 인간이 인간 존재 자체를 스스로 문제 삼을 수 있는 반성적 사유를 할 수 있는 유일한 존재이기 때문이다. 이처럼 인간을 탐구한다는 인문학(humanities)이 그렇듯 독특한 인간의 면모에 특별히 주목하는 것은 당연하다. 그래서 인문학자들이 적잖은 수고를 쏟는 것은 인간이 워낙 복잡한 존재라 인간에 대한 이해도 그 내용이 복잡할 수밖에 없다.

이에 본 장에서는 인간이 자신의 정체성에 대해 여러 복잡한 생각을 할 수 있겠으나 일단 인간이 어떤 일을 하며 살고 있는지 알아야 인간이 어떤 존재인지를, 즉 나는 누구인지에 대하여 살펴보고자 한다.

인간의 본질

임마누엘 칸트
(Immanuel Kant, 1724~1804)

인간의 본질을 밝히는 인문학의 첫 번째 질문이 나는 누구인가다. 독일 철학자 임마누엘 칸트(Immanuel Kant, 1724~1804)의 주요 저작 중 하나인 『순수이성 비판』(Kritik der reinen Vernunft)에서 철학이 제기하는 가장 중요한 질문이 세 가지였다. 그것은 '우리는 무엇을 알 수 있는가, 우리는 무엇을 해야 하는가, 우리는 무엇을 바랄 수 있는가'이다. 그러나 그 후에 칸트의 『논리학 강의』(Logik)에서 제기된 질문은 위에서 언급한 세 가지 질문이 모두 '인간이란 무엇인가'라는 질문으로 귀결(歸結)된다고 말했다.

그리고 인류의 대철학자 소크라테스(Σωκράτης, 470~399)는 이미 2,500년 전부터 철학의 궁극적인 목적을 '너 자신을 알라'(γνωθι σεαυτον)다. 이 말은 원래 소크라테스가 한 말이 아니고 델포이의 아폴론 신전 마당에 새겨져 있던 문구다. 당시 그리스에서 유명한 격언이었기 때문에 소크라테스가 인용한 것이다.

인간이 무엇인지를 알면 자신이 어떤 존재인지, 누구인지를 알 것 같지만 결코 그런 것은 아니다. 인간과 자신은 어느 정도 연관성을 가지고 있지만 근본적으로 다른 차원이다. 인간이 무엇인지 인간의 지식이 어떤 것인가는 매우 중요하지만 '나는 누구인가'라는 것은 한층 더 중요하다. 인간이 우주에 대해서 인식해도 그것은 어디까지나 나라는 존재를 통해서 의미를 지닌다. 왜냐하면 나라는 존재가 무의미(無意味)하면 우주가 아무리 의미(意味)가 있고 아름답다고 해도 아무런 소용이 없기 때문이다.

나는 어떤 존재인지는 나는 어떤 삶을 사느냐에 의해 드러난다. 내가 살아온 삶, 내가 앞으로 살아갈 삶, 그 전체 스토리텔링에서 내가 누구인지 알려지는 것이다. 내가 다른 사람을 판단할 때도 마찬가지이다. 그가 어떤 삶을 살았고, 앞으로 어떻게 살 것인지 알면 그 사람을 좀 안다고 생각한다. 그래서 취업할 때나, 입사 원서에 이력서를 요구하는 까닭도 그런 것이다. 외국계 기업에서는 이력서를 '커리큘럼 바이테'(Curriculum Vitae)라 부른다. 이 말은 곧 지금에 이르기까지의 삶의 여정을 뜻한다. 당장 확인할 수 있는 생긴 모양과 차림새나 입시 시험 성적뿐만 아니라 그 사람이 어떤 삶을 살아왔는지까지 알아야 안심하고 채용할 수 있다는 뜻이다. 자기의 정체성이라 할 수 있는 나라는 존재는 누구인가?

자기 정체성

나를 통해 나를 볼 수 없는 존재

시작이 있으면 끝이 있다는 게 참 좋다. 인생도 시작이 있으면 끝이 있다. 사람들은 인생의 끝인 죽음을 그렇게 좋아하지는 않는다. 이 세상에 미련이 많아서 그런 걸까? 어쩌면 죽음은 미지의 세계이기 때문인지도 모른다. 끝이 없는 삶을 상상할 수 있을까? 끝이 없는 삶은 권태로울 것이다. 끝이 있기에 사람들은 유보된 시간에 의미를 부여하거나 창조하며 살려고 한다.

실존주의의 대표적 철학자로 하이데거(Heidegger, 1889~1976)는 1927년에 발간한 자기의 주저 『존재와 시간』에서 "인간은 죽음에 이르는 존재"라고 말했다. 싱거운 이야기처럼 보이지만 그의 초기 철학은 죽음의 한계 아래 있는 인간의 실존적 조건과 의미를 탐구하고 있기에 매우 중요한 명제이다. 인간이 죽음에 이르는 존재라는 말은 인간 스스로 자기 한계를 의식하며 산다는 것을 의미한다.

동물들은 역시 죽음의 공포를 느낀다. 도살장으로 끌려가는 소가 눈물을 흘린다는 이야기를 들은 적이 있다. 공포는 즉각적인 것이지 반성을 거쳐 인식되는 것이 아니다. 오직 인간만이 죽음이라는 한계 앞에 서서 자기 삶의 의미를 묻는다. 이러한 죽음은 자기 존재를 근원으로부터 다시 사유할 것을 요구하고 있기 때문이다. 우리는 인생의 여정을 거치면서 나라고 하는 정체성을 만들어 간다. 그것을 알에 비유해도 좋을 것이다. 내 생각과 입장, 이데올로기, 세계관이 바로 설 때 주체적 삶이 가능하다. 알은 나를 보호해 주는 울타리이다. 알은 냉혹한 세상살이에 지칠 때 돌아가 쉴 수 있는 둥지이기도 하다. 하지만 알 속에만 머무르면 안 된다. 알은 안에 든 생명을 보호해 주기도 하지만 그 속에만 머물려 할 때 생명을 죽게 하는 무덤이 될 수도 있다.

여성의 자궁은 알을 닮았다. 새로운 생명을 품어 키운다. 그러나 때가 되면 큰 고통을 감수하면서 그 생명을 밖으로 밀어낸다. 새로운 탄생은 늘 고통을 동반한다. 삶의 복수성과 다양성을 경험하면서 그 알은 조금씩 단단해져 간다. 그러나 자기가 형성한 알을 절대화하기 시작할 때 파탄이 시작된다. 그 속에 갇히는 순간 교조적으로 변하고, 다름을 용납하지 못하는 편협함을 보이며, 폭력적인 태도로 다른 이들을 동화시키려고 한다. 근본주의자들이 위험한 것은 자기와 다른 것들을 비진리로 규정하기 때문이다. 그들은 배우려고 하지 않는다. 그래서 바울은 이때가 내가 잠에서 깨어나야 할 자기 성찰의 때라고 말한다(로마서 13:12).

> 12 밤이 깊고, 낮이 가까이 왔습니다. 그러므로 우리는 어둠의 행실을 벗어버리고, 빛의 갑옷을 입읍시다(새번역, 로마서 13:12).

재단법인 플라톤 아카데미(Foundation Academia Platonica) 책임교수며, 연세대학교 신학과 교수 김상근은 현대인의 자기 성찰을, "끊임없이 자신에게 '나는 누구인가'라는 의문을 던져야 한다"라고 했다. 인간은 태어나 살기 시작하며 곧 자신의 정체성을 형성해 나간다. 그리고 성장의 단계에서부터는 자기의 삶에 대한 반성적 평가를 시작한다. 그때가 바로 자신이 어떤 존재인지를 묻는 때다. 이때부터 인간은 의식적으로 스스로 자신이 되고 싶어 하는 삶을 살고자 노력한다. 물론 인간마다 개인적인 차이는 있겠지만 누구나 다 멋지고 근사한 삶을 살고 싶어 할 것이다. 그러한 멋지고 근사한 삶을 살기 위해 나는 누구인가는 매우 중요하다.

사실 나를 통해 자신을 알기란 그리 쉽지 않다. 그것은 철두철미하게 사적이기 때문이다. 나라는 존재는 외부에 공개되어 누구든지 관찰하고 시험할 수 있는 것이 아니기 때문에 어렵다. 그것은 오직 나 자신을 통해서만 알 수 있는 영역이다. 그래서 과거로부터 철학자들은 자신을 알 수 있는 유일한 길은 내성(內省)이라고 생각했다. 마음의 눈으로 자기 마음을 들여다보는 방법밖에 없다고 생각한 것이다. 하지만 결국 이러한 나를 살피는 나는 무한히 후퇴할 수 있다. 인문학에서는 이런 것을 두고 '무한후퇴'라고 부른다. 이러한 방법으로는 어떤 성질의 것인지 확실한 지식에 도달할 가능성은 거의 없다.

그래서 영국 경험주의 철학자 데이비드 흄(David Hume, 1711~1776)은 내성에 대하여, "자신의 마음을 들여다보면 나는 발견되지 않고 이제까지 자기가 경험한 것들만 나타난다"라고 했다. 이처럼 내성을 통해서는 나라는 의식 속에 들어 있는 수많은 경험을 나의 경험으로 나를 잡히지 않는다는 것이다. 그래서 사실 나라는 존재는 잡히지 않는 대상이다.

관계를 통해 태어나는 나의 존재

인간은 태어나는 순간부터 관계 속에서 살아갈 수밖에 없는 존재이다. 부모 자식 관계라는게 바로 생긴다. 자라면서 자연스럽게 학교, 직장, 사회에서 수많은 관례를 쌓아간다. 즉 관계는 삶의 기본 구성 요소이다. 그런데 요즘 많은 사람이 관계를 힘들어하는 것 같다. 그 이유가 관계 속에서 자기 존재를 해석하는 힘이 약해졌기 때문이다.

관계는 억지로 되는 것이 아니다. 자연스럽게 이루어져야 관계이다. 좋다고 해서 영원히 붙들고 있을 수 없고, 싫다고 해서 당장 내팽개칠 수 없는 것이 관계이다. 그런데 나에 대한 존재 확신과 소신,

뚜렷한 가치관이 없이 살다 보면 관계가 점점 힘들게 느껴진다. 관계 안에는 이미 싫은 것과 좋은 것이 함께 있다. 그러니 관계에 대한 가치와 의미를 자기 안에 만들어 놓지 못해서 관계의 무게가 주저앉는 것이다. 이것이 요즘 사람들이 호소하는 관계의 어려움과 그 시작이다.

사람과 사람이 만나다 보면, 마음에 드는 면도 있고 마음에 들지 않는 면도 있기 마련이다. 아무리 친한 사이라고 해도 모든 게 한마음 같을 순 없다. 세상에 나와 똑같은 사람은 아무도 없기 때문이다. 관계상의 다양성은 인간을 성숙하게 만드는 힘이 있다. 서로 좋은 점을 키워나가고 다른 점은 수용하고 개선해 나가면서 배우고 발전해 나가는 것이다. 이러한 관계의 기본 속성을 이해하지 못하고 좋고 싫음, 혹은 옳고 그름이라는 잣대로 생각하면 힘겨워지는 것이다.

마음에 안 들면 안 보고 살면 그만이라고 쉽게 생각할 수 있지만, 그런 태도는 삶에 도움이 되지 않는다. 스스로 편협하게 만드는 지름길이다. 세상에 쉽고 편하면서 좋은 건 그리 많지 않다. 관계가 그렇다. 건강하게 생산적인 관계 형성을 위해서는 최소한의 자기 노력이 요구된다. 지향점은 같으나 관점과 접근법에는 조금씩 차이가 있다. 애써 서로의 생각을 맞추려고 하기보다 작은 다름이라도 용기 내어 말했던 까닭은 하나의 목표 아래 얼마든지 다양한 생각들이 공존할 수 있음을 보여주는 까닭이다.

인간이 어떤 사물이나 현상을 바라볼 때 바라보는 시각에 따라 그 대상이 상당히 다르게 해석된다. 인간이 그림에서 나무막대를 보고

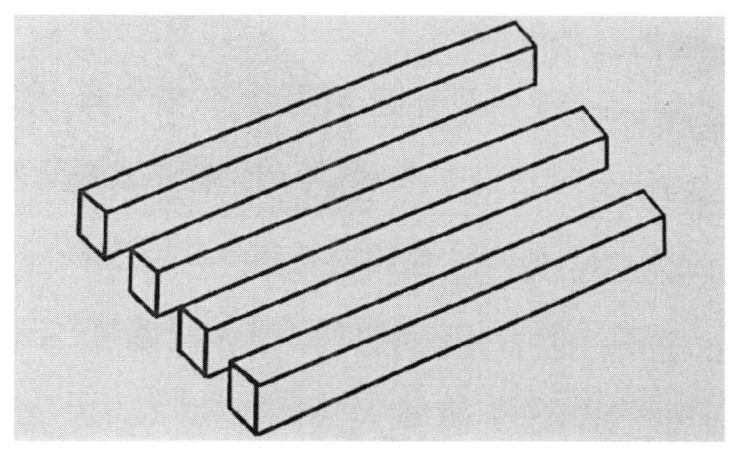

묘하게도 왼쪽에서는 네 개로 보이고, 오른쪽에서는 세 개로 보인다고 말한다. 그래서 같은 것을 두고도 '이것은 세 개다'라고 주장하는 사람의 말은 일리가 있다. 하지만 '아니다. 네 개다'라고 주장하는 사람의 말도 일리가 있다. 이처럼 인간이 사는 현실은 이렇게 복잡하고 다양해서 하나의 관점만이 옳다고 주장하기란 힘든 측면이 있다.

예를 들어, 남자와 여자라든가, 선진국과 후진국, 백인과 흑인처럼 두 개의 대립형을 설정하는 경우, 두 요소 사이에는 권력과 복종, 지배와 피지배 관계가 형성되기 쉽다. 그래서 남녀 간에도 남자가 중심이라고 생각하면 남성중심주의(Androcentrism)가 되는 것이다. 선진국이 후진국을 얕보면 제국주의(Imperialism)의 시각이 되는 것이다. 백인이 흑인보다 우월하다고 주장하면 인종주의(Racism)가 되는 것이다. 차이의 존재는 당연하겠지만, 그것을 전제로 하여 차별한다면 분명히 힘의 논리가 작동하고 많은 왜곡이 나타난다.

최근 인터넷에 돌아다니는 우스갯소리를 예로 들어 보자. 술을 좋아하는 사람에게 길을 물으면 이렇게 대답한다. "저쪽 코너에 호프 집이 있어요. 거기서 오른쪽으로 돌면 막걸리 집이 보이구요. 거기서 300미터 직진하면 됩니다." 반면에, 목사님에게 길을 물으면 이렇게 대답한다. "저기 교회 보이시죠? 그 교회를 지나서 100미터 가면 2층에 다시 교회가 보입니다. 그 교회에서 오른쪽으로 돌면 됩니다." 또 어떤 사람들에게 '+'가 그려진 카드를 보여주면 수학자는 '덧셈'이라고 한다. 산부인과 의사는 '배꼽'이라고 말한다. 목사님은 십자가라고 한다. 교통경찰은 '사거리'라고 한다. 간호사는 '적십자'라고 한다. 약사는 '녹십자'라고 한다.

이처럼 모든 사람은 다 자기 입장에 따라 바라보기 때문에 한 마디로 다른 사람이 틀린 것이 아니라 다를 뿐이다. 이것은 동양이나 서양의 구분도 이와 별반 크게 다르지 않다. 편견 혹은 선입견으로 특정한 하나의 논리를 앞세운다면 대상의 본질이 심각하게 왜곡될 수밖에 없다. 결국에 나라는 존재는 타자의 관점을 동등하게 가치 있는 것으로 받아들이고, 현실을 다른 눈으로 바라보는 탈중심적인 전망과 결부되어 있다는 점을 알아야 한다.

따라서 현대인인 나라는 존재로 자신만 들여다본다면 자신을 정확하게 알 수 없다. 나는 자신이 아닌 다른 것들과의 관계를 통해 알수 있다. 진정한 인격적인 관계는 내가 먼저 관계를 맺으려고 할 때만 생기는 것은 아니다. 많은 경우에 다른 사람이 먼저 나의 너가 되어주기 때문에 가능한 것이다. 그러므로 내가 나 되는 것은 은혜라고 할 수 있다. 그것은 내가 가진 자격과 능력, 그리고 조건과 관계

없이 그런 것들을 초월한 다른 이의 사랑 때문에 나라는 존재가 되기 때문이다.

성경이 말하는 나의 존재

하나님의 형상을 따라 지음 받은 존재

인간은 나라는 존재에 대한 운명을 사랑해야 한다. 스토아 철학자요 로마사를 빛낸 오현제(五賢帝) 중 한 명인 마르쿠스 아우렐리우스(Marcus Aurelius, 121~180) 황제가 왕으로서 세상에 내던진 자기 성찰을, "아모르 파티"(Amor Fati, 너의 운명을 사랑하라)라고 하였다. 진실로 참된 인간은 고통을 견뎌내야 하는 자신의 운명을 받아드려 사랑하는 것이다.

로마 제국 제 16대 황제 마르쿠스 아우렐리우스
(Marcus Aurelius, 121~180)

앞으로도 헤아릴 수 없는 많은 고난이 자신에게 오더라도 피하지 않고 앞을 향해 전진해야 한다. 성경에도 보면, 나라는 존재를 사랑해야 할 이유에 대해서 강조한다. 그것은 인간이 하나님의 형상대로 지음 받은 모든 창조물 중에서 가장 뛰어난 '걸작품'(Masterpiece)이기 때문이다(창세기 1:27).

> 27 하나님이 당신의 형상대로 사람을 창조하셨으니, 곧 하나님의 형상대로 사람을 창조하셨다. 하나님이 그들을 남자와 여자로 창조하셨다(새번역, 창세기 1:27).

이렇게 하나님 사랑의 조명 아래서 자기의 모습을 적나라하게 바라보았을 때, 나라는 부끄러운 자신을 발견한다. 그와 사랑의 관계에 들어갈 말한 자격이 없음을 발견하는 것이다. 이것은 마치 거짓말을 한 학생이 선생님의 부릅뜬 눈을 피하듯, 하나님 앞에 선 나의 존재가 자꾸만 시선을 아래로 내리며, 그의 영광스러운 얼굴을 쳐다볼 수 없다. 이것이 나라는 존재의 참모습이다. 하지만 그와 같은 부끄러움은 분명히 절망으로 이끄는 부끄러움이 아니다. 부끄럽기에 오히려 고마우며 감격하지 않을 수 없는 그런 감정이다. 그러므로 오히려 자신을 숨기지 않고 폭로할 수 있는 용기가 있는 것이다.

다른 제자들보다 훨씬 더 비참할 정도로 비겁해져서 자기의 스승 예수님을 배반했던 열두 사도의 대표였던 베드로는 그것을 일평생 부끄러워했다. 그런 그가 마침내 순교 당할 때, 자신은 바로 선 십자가에 달릴 가치도 없다고 생각해 스스로 거꾸로 선 십자가에 달렸다. 하지만 그는 자신의 배반을 숨기려 하지 않고 그의 제자였던 마가를 통해 신약성경 가운데 하나인 마가복음을 매우 상세하게 서술하도록 하였다. 그것은 다름 아닌 자기의 잘못을 폭로함으로써 만족을 얻는 마조히즘(Masochism)이 아니라, 나라는 존재의 잘못을 용서해 주신 하나님의 사랑에 감격해서다. 이처럼 부끄러우면서도 절망하지 않을 수 있는 것이 하나님과 사랑의 관계에 들어간 사람이 발견한 나 자신이다.

사랑은 단순히 받는 것에 만족하는 것을 허락하지 않는다. 즐기고 받기만 하는 것은 분명 사랑의 본성에 어긋난다. 사랑 안에서 나를 발견한 사람은 사랑하지 않으면 안 된다. 사랑하지 않을 수 없게 되는 것이다. 기독교에서 사랑의 하나님과 나와 너의 관계를 맺고 그의 은혜로 자신의 참된 모습을 발견한 사람은 하나님이 의도하신 대로 주도적으로 사랑을 시작하는 것이다.

나는 누구인가? 그것은 어떤 문장으로 표현될 수 있는 성질이 아니다. 다만 다른 인격체와 나와 너의 관계를 맺을 수 있을 때 태어나는 것이다. 하나님의 사랑 속에서 천하보다 더 귀한 존재임을 인정받는 것이다. 그 사랑의 빛 아래서 부끄러운 나는 바로 그 때문에 감격하고, 그런 나를 가능케 한 사랑을 실천함으로 다른 나를 탄생시키는 것이다. 이것이 하나님의 형상으로 지음 받은 나의 본래 모습이다. 하나님의 형상으로 지음 받은 인간에게 바울은 신앙과 소망, 그리고 사랑, 이 세 가지는 언제까지나 남아 있다고 했다(고린도전서 13:13). 바울은 이 사랑을 인간을 향한 기독교의 지향점(direction point)으로 제시했다. 궁극적으로 기독교는 그리스도의 사랑을 인간에게 나누고 보여 주기 위해 존재한다(에베소서 5:25).

기독교에서 말하는 인간은 비교적 총체적이다. 그 세 가지 질문으로는 일관되게 설명된다. 인간은 하나님에게서 와서 하나님의 뜻대로 살다가 하나님께로 돌아가야 하는 존재이다. 이를 받아들이고 살면 평생 겸손하게 살 수 있다. 흙에 불과한 나를 사람으로 만들어 주신 하나님, 하나님의 형상대로 만들어 그분의 대리자로 살게 하신 은혜에 감사하며 살아갈 수 있다. 다른 사람도 나와 마찬가지로 그분의 특별한 피조물이나 대등하게 존중할 수밖에 없다. 따라서 신앙인은 사람 위에 사람이 있는 시스템을 거부하고, 하나님을 주님으로 모셔 모두가 대등하게 자유를 누리며 살아가는 세상을 만들어 가게 된다.

　기독교의 인간관에서 또 하나 주목할 것이 있다. 남녀 대등 사상이다. 흙으로 빚어졌어도 하나님의 형상대로 창조되었다는 점에서 남성과 여성은 같다. 아무런 차별이 없다. 그리스-로마 문화에서는 천민과 여성은 사회에 참여할 수 없었다. 그런데 신약성경에 자주 등장하는 말이 "서로 입 맞춤으로 문안하라"가 무슨 의미인가? 노예라도 교회에서는 대등한 인간으로 보아 발에 입 맞추게 하지 말고, 볼에다 키스라는 권면이다. 당시 그리고 오늘날에도 혁명적인 가르침이다. 구한말 기독교가 들어왔을 때 기생과 백정 등 여성과 천민들이 교회에 몰려든 까닭도 여기에 있다. 대등한 인간관은 이는 인류사회에 기독교가 나를 존재에 대해 기여한 큰 공적 가운데 하나일 것이다.

　2000년 전, 초대교회에서는 이방인과 유대인, 그리고 상전과 종, 여자와 남자가 섞여 있었다. 그들은 그리스도의 살과 피로 온전한 연합을 이뤘음을 오늘날 기독교의 본질에 대한 도전을 보여 주고 있다. 바로 이것이 예수님의 열망이며, 꿈꾸던 새로운 기독교 공동체이다. 오늘날 기독교가 이런 것이어야 한다. 동일시를 느끼는 사람들이 그룹을 만들어 기독교에서 빈부귀천이 은연중에 나뉘고, 상대적 박탈감을 일으킨다면 기독교의 기능을 이미 잃어버린 것이다. 기독교는 모두 그리스도 안에서 용서받은 나라는 죄인으로 만나야 하는 것이다.

미국 선교사 루이스 테이트(Lewis B. Tate)가 건립한 한식 목구조 건물로 전북 특별자치도 김제시 금산면에 위치한 금산교회 건물

김제 금산교회(金山敎會)의 이자익(李自益, 1879~1958) 목사와 조덕삼(趙德三, 1867~1919) 장로의 이야기는 한국 사회에서 이미 유명하다. 그들은 함께 예수님을 믿고 세례를 받았다. 그런데 이자익은 조덕삼 집의 마부(馬夫)였다. 1907년 두 사람은 함께 교회의 집사로 임명되었다. 그런데 1909년 장로를 선출하는 투표에서 마음의 지주였던 조

덕삼을 제치고 그의 마부였던 이자익이 장로로 추천되었다. 빈부귀천을 철저히 따지던 시대였지만 조덕삼은 이자익을 장로로 잘 섬겼다. 더 놀라운 것은 이자익 장로가 신학교를 졸업하고 목회자가 되기까지 배려하고 물질적으로 도왔다.

이처럼 기독교는 새로운 질서와 새로운 가치, 그리고 새로운 원리가 적용되는 것이다. 장애를 가진 사람과 그렇지 않은 사람이 하나가 될 수 있는 공동체, 부족한 사람과 뛰어난 사람이 하나 될 수 있는 공동체가 바로 예수님이 꿈꾸던 새로운 공동체이다. "서로 교제하고 떡을 뗐다"(사도행전 2:42)라는 것은 그런 공동체를 의미한다. 모든 담이 예수 그리스도의 피로 무너져 연합과 일치를 이루는 것이 기독교인 것이다.

자유의지로 책임을 지는 존재

하나님은 아담과 하와에게 자기들이 결정하고 실천할 수 있는 능력인 자유의지(自由意志)를 주셨다. 아무리 마귀가 유혹해도 이를 거절하고 하나님의 말씀을 순종할 수도 있는 것, 하나님을 거역하고 마귀의 음성을 따를 수 있는 자유 선택권을 주신 것이다. 이 자유의지는 다른 동물이 가지지 못한 사람만의 특권이다. 자유의지는 하나님이 엉뚱한 방향으로 나가지 않도록 보호하는 안정의 장치로서 인간에게 주신 "위임된 권위"(Constituted Authority)인 것이다. 그러나 인간 아담은 이 자유의지를 남용했다. 즉, 자기 스스로 결정하여 마귀를 좇고 하나님을 거역한 것이다. 교만과 욕심 때문에 범죄한 것이다. 교만과 욕심은 인간이 타락한 원인일 뿐 아니라 이에 앞서 천사가 타락한 원인이다.

고대 로마의 신학자이자 철학자였던 히포의 아우구스티누스(Αυγουστίνος Ιππώνος, 354~430)은 사람이 가져야 할 가장 중요한 덕목이 무엇이냐는 질문을 받았을 때 겸손이라고 대답했다. 교만이 인간을 타락하게 한 원인이었기 때문이다. 두 번째 덕목이 무엇이냐고 물으니 겸손, 세 번째도 겸손이라고 말했다. 사단의 시험을 이기신 예수님께서 말씀하시기를 "나는 마음이 온유하고 겸손하다"(마태복음 11:29)라고 하셨다. 하나님은 "교만한 자를 대적하시되 겸손한 자들에게는 은혜를 주신다"(베드로전서 5:5)라고 하셨다. 하나님을 경외하며 하나님의 능하신 손 아래서 겸손하면 때가 되어 그 사람을 높여 주신다고 약속해 주셨다(베드로전서 5:6). 하나님을 높이고 다른 사람을 나보다 낫게 여기는 마음의 자세와 생활이 우리를 겸손하게 한다.

그러나 오늘날 많은 사람은 하나님이 주신 자유의지로 자기 잘난 맛에 살며 남을 무시한다. 위에 있는 권위를 무시할 뿐 아니라 하나님까지 무시하며 "누가 보랴 누가 알랴"(이사야 29:15)하면서 온갖 죄를 짓는다. 하늘에 계신 하나님은 웃으시며 교만하여 죄를 범하는 자들을 비웃으신다. 그때 하나님은 분을 발하시고 진노하사 그들을 질그릇같이 부수실 것이다(시편 2:4, 9). 그러므로 자유의지로 책임을 지는 존재인 우리는 두려움으로 하나님을 섬기며, 겸손하게 하나님의 명령을 순종하며 살아갈 때 죄와 타락의 길을 벗어날 수 있을 것이다.

죄로 인해 죽을 수밖에 없는 존재

이 세상에 부모와 자녀의 관계에서 자식이 부모에게 짓는 죄 중에 가장 큰 죄는 무엇일까? 어떤 이는 부모보다 먼저 죽는 죄라고 한다. 그것보다 더 큰 죄가 있다. 자식이 부모에게 지을 수 있는 가장 큰 죄는 부모를 부모로 인정하지 않는 것이다. 사람이 하나님 앞에서 짓는 죄 중에 가장 큰 죄는 무엇일까? 그것 역시 나를 지으신 하나님을 인정하지 않는 것이다. 인간을 창조하신 하나님을 인정하지 않는 것, 자신과 다른 신을 섬기는 것이 가장 큰 죄다. 아무리 법 없이 살았고, 양심적으로 살았더라도 하나님을 부정하고 살았다면, 그는 하나님 앞에서 죽을 죄를 지은 것이다.

그러면 사람들이 왜 하나님을 인정하지 않을까? 인간에게는 내 마음대로 살고 싶은 욕망 때문이다. 프랑스 철학자요 작곡자였던 장자크 루소(Jean-Jacques Rousseau, 1712~1778)는 인간에 대해, "열 살 때는 과자에 따라가고, 이십 대에는 연인에게 따라가고, 삼십 대에는 쾌락에 따라가고, 사십 대에는 야심에 따라가고, 오십 대는 탐욕을 따라간다"라고 했다. 아무리 성인군자라도, 내 안에 더 많은 것을 갖고 싶은 탐욕이 있다. 그런데, 탐욕 중에 가장 큰 탐욕은 하나님으로부터 독립선언이다. 그것이 죄의 본질이다.

예수를 통해 죄 사함과 용서를 받은 존재

본래 우리는 하나님의 걸작품이었다. 그런데 탐욕 때문에 하나님께 불순종의 죄를 지은 인간은 죽음의 심판을 받아야만 했다. 그런데 사랑의 하나님이 예수님을 이 땅에 보내셔서 우리의 죄 문제를 해결하셨다. 그 사실을 믿는 자마다 구원을 얻게 하고 새로운 피조물이 되게 하셨다. 죄로 인해 죽을 내가 예수님 때문에 새로운 피조물이 되었다. 이것이 기독교의 핵심이자 복음이다.

한 소년이, 기생의 아들로 태어났다. 그는 배다른 형제들 틈에서 갖은 구박을 받으면서 성장했다. 형제들로부터 "너는 기생의 아들이지" 하는 조롱과 비웃음이 받았다. 이복형제들 사이에서 왕따로 몇 번이

기독교 사회주의자 가가와 도요히코

고 죽어버려야겠다고 생각했다. 설상가상으로 폐결핵 3기라는 질병이 그를 덮쳤다. 그는 인생을 포기하고 자포자기 상태로 살았다. 그러던 어느 날, 구세군의 노방 전도대를 만나게 되었다. 그들은 "예수 믿으면 하나님의 자녀가 됩니다"라고 소리쳤다. 그 소리를 듣는 순간 그 소년은 "저 같은 기생의 아들도 예수 믿으면 하나님의 자

녀가 되나요"라고 물었다. "그럼요, 당신도 예수 믿으면 하나님의 자녀가 될 수 있어요." 그래서 그는 그 즉시 예수를 믿겠다고 했다. 그 후로, 그는 빈민굴에 가서 예수님처럼 버림받은 사람들을 위해 살기 시작했다.

그 이후에 건강도 호전되었고, 그는 70세가 넘도록 살면서, 일본 기독교계의 큰 인물이 되었다. 그가 바로 일본 기독교가 자랑하는 가가와 도요히코(賀川豊彦, 1888~1960) 목사이다. 비록 기생의 아들이었지만, 예수를 믿음으로 새로운 피조물, 즉 하나님의 자녀라는 확신으로 과거의 비참한 인생을 아름다운 인생으로 거듭났다. 이러한 신앙과 확신은 나를 붙잡고 있는 트라우마와 열등감을 극복하게 한다.

『미운 아기 오리』라는 세계적인 동화가 유명하다. 어쩌다 백조알 하나가 오리 둥지에서 오리알들과 함께 부화했다. 부화 된 다음 오리들 사이에서 생긴 것이나 하는 짓이 너무나 달랐다. 우는 소리도 다르고, 걷는 모습도 달랐다. 그러나 형제 오리들은 그를 볼 때마다 눈살을 찌 뿌리며 미워했다. 때로는 부리로 쪼고 못살게 굴었다. 이렇듯 왕따를 당하다 보니 아기 오리는 늘 자신이 미웠다. "나는 왜 이 모양인가", "어떻게 해야 형제들이나 엄마의 사랑을 받을 수 있을까" 하고 걱정하다 보니, 행복하지 않았다.

그러던 어느 날, 근질거리던 날개를 펴서 힘차게 날갯짓을 해보았다. 그런데 너무나 놀랍게도 하늘 위로 몸이 날아올랐다. 한참을 하늘 위로 날다가 물 위로 내려앉으면서 오리 형제와는 다른 우아한 자기의 모습을 발견하게 되었다. 그때 서야 미운 아기 오리는 자신이 오리가 아니라 백조라는 사실을 깨닫게 되었다. 그동안 자신이 오리들과 함께 사는 것이 왜 그렇게 어색하고 힘들었는지를 이제야 깨달은 것이다.

그 후로 미운 아기 오리로 살았던 백조는 더 이상 오리처럼 살지 않았다. 더 이상 꽥꽥거리지도, 궁둥이를 흔들며 걷지도, 시궁창을 뒤지며 살지도 않았다. 우아한 백조답게 때로는 하늘을 날면서 백조로서의 삶을 살아갔다. 나는 누구인가? 나는 하나님의 걸작품이다. 나는 새로운 피조물이다. 우리는 왕 같은 제사장이다(베드로전서 2:9). 왕이 거지처럼 살면, 그것은 불행한 일이다. 하나님의 자녀답게, 하나님의 걸작품으로 살아가라.

우리는 앞서 인류의 역사만큼이나 오래된 질문인 나는 누구인가에 대하여 살펴보았다. 지구는 움직이는가? 아니면 정지해 있는가? 어리석은 질문이긴 하다. 지구는 물론 자전과 공전을 하고 있다. 위도에 따라 달라지기는 하지만 적도를 기준으로 볼 때 지구의 자전 속도는 대략 시속 1,674킬로미터라고 한다. 고속열차 속도의 다섯 배가 넘는다. 공전 속도는 더 어마어마하다. 태양 주위를 1초에 30킬로미터 돌고 있다. 그런데도 우리는 지구가 움직임을 느끼지 못한다. 속도가 그렇다면 그 소리 또한 어마어마할 텐데 우리는 소리조차 듣지 못한다. 지구가 돌아가는 소리를 혹시 들은 사람이 있는가? 우리는 아는 것보다 모르는 게 더 많다. 밤하늘을 배경을 별들이 찬란하게 빛나고 있지만 그 공간을 채우고 있는 것은 압도적으로 많은 암흑물질이다. 그 신비 앞에서 나라는 존재는 저절로 겸허해지지 않을 수 없다.

나라는 존재는 한정된 시간을 살다가는 존재다. 하루살이가 겨울이라는 시간을 이해할 수 없는 것처럼 나는 영원을 그리워할 뿐 파악하지는 못한다. 그 흔적을 흘낏 볼 뿐이다. 하나님은 예수 그리스도를 통해 우리에게 영원한 세계를 보여 주셨을 뿐 아니라 그 세계로 나를 끌어올리신다. 예수 그리스도가 앞서가신 그 길을 따라 나는 조금씩 하나님의 신비에 다가선다. 가끔 하나님은 나에게 낯선 이의 모습으로 다가오신다.

현역 시절 최다 홈런 신기록을 갈아 치우며 국민 타자로 불렸던 이승엽 선수의 일화이다. 경기 시작 전에 몸을 풀던 이승엽 선수에게 상대 팀 팬이 쩌렁쩌렁한 목소리로 "이승엽 싫어"라고 외쳤다. 그렇게 외치자, 그 소리가 이승엽 선수에게도 들렸다. 그는 관중석을 향해 걸어갔다. 그러더니 자기에게 소리를 지르던 그 사람에게 웃으면서 야구공 하나를 건네주었다. 그러자 소리를 지르던 사람이 무안해진 표정으로 공을 받았다. 이승엽 선수는 "다음부터는 좋다고 해 주세요"라고 말했다. 상대 팀의 팬도 야구팬이기에 인정해 주고 품어주는 지혜가 그에게는 있었다.

만약 당신을 못살게 구는 사람이 있다면, 그들도 하나님의 형상대로 지음 받은 한 사람임을 기억해야 한다. 그럴 때 나라는 존재를 누구보다는 잘 아시는 하나님이 그 사람에게 사랑할 수 있는 지혜를 주실 것이다. 마태복음 16장 25절에서 예수님은 사랑할 수 있는 참된 지혜에 대하여, "누구든지 제 목숨을 구원하고자 하면 잃을 것이요 누구든지 나를 위하여 제 목숨을 잃으면 찾으리라"라고 하셨다. 이처럼 기독교 신앙인은 인간에 대한 사랑으로부터 시작한다. 이러한 인간은 신앙과 소망을 가지고 살고, 사회는 자유와 평등을 찾아 누릴 수 있어야 한다. 이렇게 함으로써 나를 통해 이웃과 화평을 이루는 역사가 세워지는 것이다.

토의를 위한 질문

1. 인간의 본질에 대해서 말해보자.

2. 나는 누구인가에 대해서 자신에 대해 말해보자.

3. 성경을 통해 배우는 나에 대해서 말해보자.

참고문헌

강신주 외 6인. 『나는 누구인가』. 서울: 21세기북스, 2016.

김기석. 『고백의 언어들』. 서울: 복있는사람, 2024.

김상근. 『아레테의 힘 인문학으로 창조하라』. 서울: 멘토프레스, 2013.

김진 외 3인. 『종교는 달라도 인생의 고민은 같다』. 서울: 불광출판사, 2024.

김진태. 『하나님의 무브먼트』. 서울: 코디엠, 2024.

배철현 외 7인. 『낮은 인문학』. 서울: 21세기북스. 2016.

손봉호. 『나는 누구인가』. 서울: 샘터. 2018.

이복규. 『기독교 이해의 길라잡이』. 서울: 새물결플러스, 2023.

이수환. 『인문학으로 기독교 톺아보기』. 서울: 세움북스. 2020.

한국민족문화대백과사전. "금산교회." https://encykorea.aks.ac.kr/Article/E0007787.

Homeros. 『오뒷세이아』. 이준석 역. 서울: 아카넷, 2023.

Timothy Keller. 『당신을 위한 갈라디아서』. 윤종석 역. 서울: 두란노, 2018.

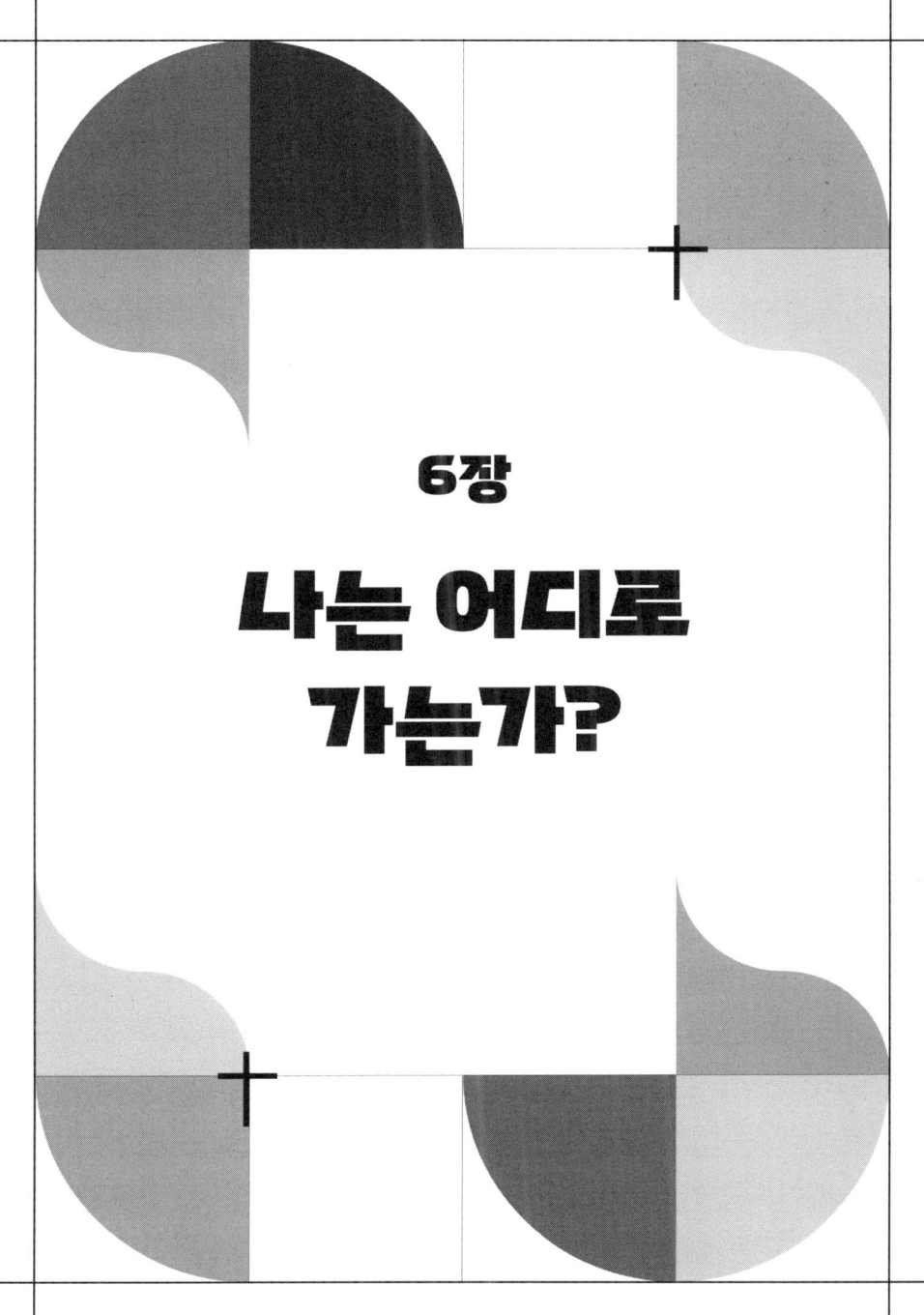

전 세계는 테러와 전쟁, 기근과 지진 등으로 많은 위험의 공포로 수많은 사람이 낙심과 절망에 처해 있다. 이럴 때, 희망은 진지한 학문적인 논의(論議)가 아닐 수 없다. 인간이 사는 세상을 고해(苦海)라고 했다. 고통의 바다라는 뜻이다. 그만큼 인간의 삶은 만만하고 호락호락하지 않다는 얘기다. 어느 집을 보나 밝은 면이 있는가 하면, 이면에는 어두운 면도 존재한다.

이에 본 장에서는 어쩌면 인간이 태어날 때부터 무거운 짐을 지고 세상 밖으로 나온 것처럼, 다시 나는 어디로 가는지를 살펴보고자 한다.

죽음과 내세

인간은 한정된 시간을 살다 가는 존재이다. 하루살이가 겨울이라는 시간을 이해할 수 없는 것처럼, 우리는 영원을 그리워할 뿐 파악하지 못한다. 민속 신앙에서는 우리가 죽으면 영혼만 저승에 가서 살거나, 귀신이 되어 지상에 떠돈다고 생각한다. 예를 들면, 유교와 불교, 민속 신앙은 공통점이 있다. 육체의 죽음이 죽음이라고 본다. 그 몸이 다시 살아나서 새로운 세상에서 산다고 생각하지는 않는다. 몸이 다시 살아서 영원한 생명을 산다는 생각은 하지 않는다. 더러 남의 몸에 들어가서 나머지 삶을 누린다는 생각은 하지만 잠시뿐이다. 오직 영혼만 영원히 산다고 생각한다. 여론 조사에 따르면, 죽음과 내세 문제에 대해 현대인이 견지하는 주요 입장은 세 가지로 나눈다.

불가지론자

현대인의 약 26%가 죽음과 내세 문제에 대해 불가지론 입장을 가진다. 불가지론적 입장은 사후에 어떤 일이 일어나는지 아무도 모른다는 주장을 제시한다. 이러한 입장에 따르면, 신체적인 죽음 이후에 정신적인 차원에서의 삶이 지속된다고 긍정적으로 주장할 수도 없지만 동시에 그러한 삶이 없다고 부정적으로 단언할 수도 없다. 사실은 이 문제는 죽을 때까지 진실로 알 수 있는 자가 아무도 없다. 이론적으로 이런 불가지론자는 임사체험, 즉 죽음에 가까운 경험에서 유체 이탈을 경험한다는 증언이나 혹은 행복감을 주는 어떠한 공간에 영혼이 다녀왔다는 증언 등을 바탕으로 사후 세계를 긍정적으로 고찰할 수도 있다. 하지만 이러한 이사 체험 역시 인간 잠재의식의 한 현상이나 뇌 안에서 발생하는 호르몬이나 전기 신호의 작용 등으로 해석될 수 있다. 그러기에 불가지론적 입장은 다시 부정적인 결론, 즉 사후 세계 역시 뇌의 기만적 체험인 걸로 귀결될 수 있다. 결국 긍정적인 측면, 그리고 부정적인 측면 모두를 고려하면 사후 세계에 대한 긍정적, 혹은 부정적 단언하기가 힘들게 된다. 따라서 진정한 불가지론자는 일반적으로 모른다고 주장한다.

회의주의자

다른 현대인은 죽음이 단순히 우리의 모든 생명 활동에 영원한 중단, 곧 우리가 삶으로 부르는 생물학적 과정의 불가피한 종결이고, 결과적으로 우리의 실존은 죽음으로 끝난다고 본다. 우리는 죽고, 그래서 우리는 죽어 있다. 이로써 우리에게 남아 있는 것은 애틋한 추억과 썩어가는 시체 외에는 정말 아무것도 없다. 본질상 죽음으로 우리는 존재를 멈추었다.

영국의 이론물리학자였던 스티븐 호킹(Stephen Hawking, 1942~2018)이 말한 유명한 말과 같다. "나는 우리의 뇌가 고장 나면 멈추는 컴퓨터와 같다고 본다. 고장 난 컴퓨터에게 천국이나 내세란 없다. 그것은 어둠을 두려워하는 사람들을 위한 동화이다." 또 다르게 말하면 다음과 같다. "나는 죽을 때 곧 내가 죽고 없을 때 나의 의식적 삶은 끝나고, 다른 사람들과의 상호 관계도 끝나며, 나는 단순히 없어질 적이라고 항상 느꼈다. 나의 내세는 나를 알던 자, 나를 사랑했던 자, 나를 가슴에 품고 있던 자의 기억 속에서만 존재한다. 나를, 곧 나 자신은 존재하기를 멈춘다."

신앙인

인본주의자와 합리론자의 격렬한 부정에도 불구하고 분명히 현대인들 가운데 절반 이상이 죽음 이후의 실존을 긍정하고 이에 대해서 다양한 이해 방식을 보인다. 기독교의 설명은 다르다. 일단 죽어서 영혼과 육체가 분리되면 그 몸은 땅으로 돌아가고, 영혼은 낙원(불신자의 영혼은 음부)에 간다. 이는 첫째 사망이다. 대부분 종교에서는 이것을 끝이라고 한다. 하지만 기독교는 다르다. 죽음은 끝이 아니라 과정으로 본다. 기독교는 주님이 다시 오시는 날, 신앙인이든 비신앙이든 모든 사람이 부활한다고 믿는다. 영혼과 육체가 다시 합체한다. 부활해서 심판받은 후 신앙인과 불신앙인의 운명이 갈린다. 신앙인은 부활의 몸으로 주님과 함께 영원히 천국에서 산다. 불신앙인은 부활한 몸으로 영원히 지옥에서 지낸다. 여기서 불신앙인의 부활은 둘째 사망이라 한다. 영원한 죽음으로 우리가 흔히 말해 살아도 산 게 아닌 상태라고 할 수 있겠다.

이러한 신앙을 가졌기에 신앙인들은 이렇게 신앙고백을 한다. "장사 된 지 사흘 만에 죽은 자 가운데서 다시 살아나셨으며, 하늘에 오르시어 전능하신 하나님 우편에 앉아 계시다가, 거기로부터 살아 있는 자와 죽은 자를 심판하러 오십니다." 이렇게 예수 그리스도에 대한 신앙을 고백한다. 그다음 마지막에는 이런 신앙고백을 한다. "몸의 부활과 영생을 믿습니다. 아멘." 영생은 영원한 생명이다. 죽은 후, 신앙인들은 영원하신 하나님과 교제하며 그가 주는 영원한 삶, 혹은 영원한 생명을 누린다.

여기서 오해하지 말아야 할 것은 죽어서만 영원한 생명을 누리는 것이 아니다. 지금 여기에서 영원하신 하나님이 주시는 영원한 생명의 거룩함에 참여하는 질적으로 탁월한 삶을 살 수 있다. 그래야만

한다. 이미 지상에서 생로병사의 굴레에 갇힌 피조물의 한계를 벗어나 하나님의 풍성한 삶을 누려야 한다. 마치 생명의 씨앗이 옥토 밭에 떨어지면 저절로 싹이 나고 자라 열매를 맺는 것처럼, 우리가 신앙인이 되어 주님을 모시는 순간 내 안에 하나님의 새로운 생명이 움트고 성장하기 시작한다. 영원한 생명이신 하나님과 내가 연결되어 있으면 저절로 그렇게 된다. 예수님의 천국 비유에 나오는 말씀이다. 죽어서만이 아니라 이 땅에서도 순간순간 생명의 충만한 기쁨을 느끼며 살 수 있는 게 기독교 신앙인의 삶이다. 그래서 신앙인은 생명을 해치는 모든 시스템과 힘에 저항하면서 생명력이 약한 이들을 돕기 위해 자발적으로 불편한 삶을 살아간다. 죽음과 내세에서 영생을 소유한 사람답게 살아가는 것이다.

죽음 이후, 나는 어디로 가는가? 영국 세인트앤드루스대학교(University St. Andrews) 교수 톰 라이트(Tom Wright, 1948~)는 죽음과 내세에 대한 오늘날 교회의 이해가 성경적이기보다는 불분명한 전통과 관행으로 인해 혼란스러운 상태에 있다고 진단한다. 그리고 부활의 소망 가운데 죽은 신앙인들을 추모하고 남은 이들을 위로하기 위한 바른 신학적 기반을 제시하였다. 사실 신앙인은 가장 큰 빚을 하나님께 졌다.

하나님은 예수 그리스도를 죽은 자 가운데서 부활하게 하심으로 말미암아 나를 거듭나게 하사 산 소망이 있게 하시며, 썩지 않고 더럽지 않고 쇠하지 아니하는 유업을 잇게 하셨다(베드로전서 1:3-4). 그러기에 우리는 성경이 말씀대로 이 실재들을 매우 진지하게 받아들여야 한다. 사후의 삶이 있다는 것은 성경의 진리다. 죽음과 내세가 무엇을 수반하든 간에, 지금 죽음과 내세에 대비해야 할 것이다(히브리서 9:27).

미켈란젤로의 최후의 심판
(바티칸 시스티나 성당)

성경이 말하는 종말

종말이란 개인의 종말이 있고, 인류 역사의 종말이 있다. 개인의 종말은 죽음으로 오고, 역사의 종말은 예수님의 재림으로도 도래한다. 종말에 대한 징조는 주어질 수 있어도 개인의 종말이든 역사의 종말이든 그것이 이루어지기까지는 정확한 때를 알 수 없다. 1517년 10월 31일, 종교개혁을 일으킨 마틴 루터는 그리스도의 재림을 갈망했으나 재림의 정확한 때를 예고하는 시한부 종말론에 대해 단호히 반대했다. 수학자 마이클 스티이펠(Michael Stiefel)이 1533년 10월 19일 오전 8시를 그리스도 재림의 날로 예고했을 때, 루터는 그것을 철저하게 거부했다. 그 이유는 그것이 성경적 증거와 일치하지 않고, 성경의 문자적 의미를 무효화시켰기 때문이다. 그리스도는 아버지 이외에 누구도 그날과 그 시를 알지 못한다고 선언했다(마태복음 24:36). 따라서 루터는 스티이펠의 예고를 전적으로 그의 개인적인 생각으로 취급했다.

성경을 통해 하나님은 종말의 명확한 날짜는 아니지만 어느 정도 미루어 짐작할 수 있는 종말의 징조를 알려 주셨다. 종말의 초점은 다가오셔서 모든 이들에게 인정받고 시인되며 모든 이들의 삶을 그가 믿고 살아온 바대로 심판하시고 또한 회복하실 왕 예수 그리스도에게 맞춰야 한다. 예수님이 바로 우리의 복된 희망이기 때문이다. 우리의 생명이신 그리스도께서 나타나실 그때 우리도 그와 함께 영광중에 나타날 것이다(골로새서 3:4).

우리의 시민권은 하늘에 있고(빌립보서 3:20), 우리의 왕이신 예수님께서 우리를 위해 그곳에 처소를 예비하고 계신다(요한복음 14:3). 그분이 아버지의 영광으로 오시리니 그때 각 사람의 행한 대로 갚으실 것이다(마태복음 16:27). 그러므로 신앙인의 관심사는 심판에 있지 않고 상급에 있다. 이것이 신앙인으로 하여금 재림의 왕 그리스도를 기다리며 거룩한 삶과 신실한 섬김의 삶을 살게 하는 동기이다.

성경이 말하는 종말을 너무나 잘 알고 있었던, 신앙인의 삶을 살

앉던 예가 미국 역사에서 찾아볼 수 있다. 미국의 남북전쟁이 막바지에 이르렀을 때, 전쟁의 어려움과 공포 속에서 북군의 지도자인 링컨 장군을 위해 목사님이 이렇게 기도했다. "하나님, 부디 하나님을 공경하고 사랑하는 링컨 장군과 함께 해주시고 승리를 얻게 도와주옵소서."

기도가 끝난 후 링컨은 겸손하게 그러나 단호하게 말했다. "목사님, 이후에는 이렇게 기도해 주십시오. 하나님께서 링컨과 함께 하길 빌지 마시고, 링컨이 하나님과 함께 할 수 있게 해 달라고 기도해 주십시오." 하나님은 우리와 함께하길 원하시지만, 우리가 죄의 길로 가면서 하나님을 등질 때 어떻게 하나님과 동행할 수 있겠는가. 하나님과 동행할 수 있도록 신앙인이 성결한 삶을 살아가는 것은 이 세상에서 하나님과 이웃을 섬기는 삶을, 그리고 겸손한 삶으로 살 것을 가르치는 좋은 교훈이다.

희망

중세 시대 철학자 토마스 아퀴나스

이탈리아의 철학자로 신학자며, 스콜라 철학의 대표자이자 토마스학파의 아버지라 불리는 토마스 아퀴나스(Thomas Aquinas, 1225~1274)는 고통에 대하여, "좋은 것처럼 이야기해서는 안 된다"라고 하였다. 때로 고통은 그 자체로 악이라고 명시했다. 하지만 올바른 의지와 이상 때문에 받게 되는 고통은 때로는 유용할 수 있다. 쇠렌 키에르케고르(Søren A. Kierkegaard, 1813~1855)는 『죽음에 이르는 병』에서 절망에 대하여 말하기를, "절망에 빠지려는 의지가 인간을 죽음으로 이끌고 간다"라고 했다.

고통이 인간을 죽음으로 이끄는 것이 아니라 자신이 포기해 버리고 손을 놓아버리려는 절망의 의지가 인간을 죽음으로 몰아가기 때문에 사람은 새로운 희망을 잡아야 한다는 것이다. 그런 의미에서 희망은 신학적인 덕목 가운데 하나이기도 하다. 따라서 영원한 세계를 바라보는 일로 현실 도피주의(Escapism)나 몽상의 한 형태가 아니라 현대인이라면 마땅히 가져야 할 자세 중 하나가 희망이다. 고통 앞에 선 인간이 그 고통을 넘어설 수 있게 하는 힘이 바로 희망이다.

멘토와 희망

이전의 고대 그리스-로마 철학과 인문학, 그리고 신학의 흐름을 집대성하고, 또한 그 이후의 서양 철학과 인문학의 기틀을 마련한 아우구스티누스(Augustinus, 354~430)는 세계 역사에 있어서 바울 다음으로 가장 큰 영향력을 끼쳤다. 인문학적 관점에서 볼 때, 우리는 그를 고통에서 희망을 찾은 멘토(mentor)로 부를 수 있을지 모른다. 그는 17세에 이미 미혼부가 되었고, 이단 종교에 빠져 온갖 사고를 쳤다. 극적인 변화를 맞게 된, 그는 아버지가 된 뒤로 공부를 시작하여 밀라노에서 황실 수사학교 교사가 되었다. 모든 사람이 부러워하는 위치에 올랐다. 그의 인생은 타가스테라는 시골에서 세상의 중심인 로마보다 더 화려한 밀라노 한복판으로 와서 우뚝 선 것이다. 하지만 그는 결단코 행복하지 않았다. 돈과 명예, 그리고 모든 것을 가진 그는 극심한 갈등에 시달렸다.

모든 의미가 사라지고 살기 위해 발버둥 치던 어느 날, 그는 그 유명한 회개의 장면을 맞이했다. 그리고 성경의 한 구절을 읽고 그의 내적 고민이 해결되면서 자신이 가졌던 모든 부와 명예를 내려놓았다. 이후, 그는 세속적인 명예를 버리고 북아프리카 히포라는 도시를 관할하는 고위 성직자로서 주교 자리까지 올랐다. 그리고 그는

아우구스티누스(Augustinus, 354~430)

『고백록』(Confessiones)과 함께 기독교 신학 가운데 가장 어렵다고 하는 『삼위일체론』(De Trinitate)에 대한 책도 남겼다. 그의 마지막 명저인

『신국론』(De Civitate Dei)이라는 책을 썼다.

그는 영원할 것 같았던 로마가 물론 북아프리카 역시 고트족의 침략으로 유린당하고 모든 삶이 불확실해지는 상황 속에서, 지상의 삶이 주는 것을 언제나 불완전하며 고통일 뿐이며, 오로지 영원한 생명이 진리와 선, 그리고 아름다움의 근원이라고 신앙하며 희망하며 사랑하는 것이 유일한 삶의 가치임을 강조하였다. 요즘 현실을 보면, 희망을 찾기가 무척 어렵다. 하지만 희망의 멘토라고 할 수 있는 아우구스티누스의 삶을 통해 인간은 고통을 넘어서 희망을 찾을 수 있다.

독일 철학자 임마누엘 칸트(Immanuel Kant, 1724~1804)는 인생의 기본적인 세 가지 질문으로 '나는 무엇을 알 수 있는가', '나는 무엇을 행해야 하는가', 그리고 '나는 무엇을 희망해도 좋은가'를 제시했다. 특히, 우리는 칸트가 제시한 '나는 무엇을 희망해도 좋은가'를 살펴보아야 한다. 칸트에게서 인간은 가장 좋은 것으로서 최고의 선은 곧 나의 도덕적인 삶과 내가 누리는 행복이 일치하는 것으로, 곧 나의 도덕적 삶이 행복으로 보상받는 것이다. 하지만 우리 개인의 삶에서나 혹은 전체 사회의 삶에서 경험을 돌이켜보면 종종 나의 도덕적 삶은 비록 내가 의무로서 해야 하는 것이지만 그것은 나의 행복을 가져다주지 않는다.

하기에 우리는 그만큼 도덕과 행복 사이의 거리가 있지만 그만큼 더욱 도덕적 삶의 의무가 보상받을 것이라며 도덕적 삶과 행복의 일치를 최고의 선으로 희망할 수 있다. 하지만 여전히 그러한 희망은 한계가 있다. 칸트에게서는 나의 도덕적 삶이 보상을 가져오는 그러한 좋은 사회의 발전은 무한히 이루어질 것이라고 이야기하지만 매우 더디게 이루어지며 심지어 퇴행하기도 하는 것처럼 보인다. 그러면 인간은 이 질문에 대한 답을 어디에서 찾아야 하는가?

정치과 사회, 그리고 경제 등 어떤 분야이든지 사람들은 모두가 희망이 필요하며, 정말로 희망을 간절히 바라고 있다. 그러면 인간이 희망할 수 있는 좋은 것은 전혀 없는가? 하지만 인간은 사회와 정치, 그리고 경제적인 진행 과정 밖에서 선한 희망을 찾아야 한다. 그리고 이 일은 결국 오로지 그 자체로 인간이 바랄 최선의 선이 되신 하나님이 주시는 은총을 통해서 그리고 하나님의 은총 안에서만 가능한 것이다. 인간을 지으시고 섭리하시고 인간의 마음을 알고 계신 창조주 하나님은 결코 인간이 희망 없이 살아가도록 의도하시지 않으셨다. 성경에서 하나님은 자신을 "희망의 하나님"(God of Hope)으로 나타내셨다. 특히, 바울은 로마서 15장 13절에서 당시 로마에 사는 신앙인들에게 쓴 그의 가장 위대한 서신서를 통해 "희망의 하나님"의 이름으로 권면하고 있다. 이러한 바울의 기도가 예나 지금이나 많은 사람에게 있어서 진실한 멘토로서의 기도인 것을 깨닫게 된다.

그리고 바울은 세상의 모든 사람에게 "우리의 소망(희망) 이신 그리스도 예수"를 영접하고(디모데전서 1:1), "너희 안에 계신 그리스도시니 곧 영광의 소망(희망)"으로 힘을 얻으라고 초청하고 있다(골로새서 1:27). 그는 그리스도 안에서 최고 절정에 달하는 무조건적인 자비의

패턴을 아브라함의 이야기와 이스라엘의 이야기에서 발견하였다(로마서 4장, 9-11장). 그는 아무런 자격이 없는 이방인들을 하나님의 백성으로 부르시는 그 하나님의 은혜가 온 천하에 만연해 있다고 믿었다. 이러한 신념은 바울로 하여 앞날에 대해 심지어 아직 메시아 예수를 믿지 않는 불순종하는 유대인들의 앞날에 대해서도 희망을 품게 하였다.

그래서 바울은 소망의 결론을 "하나님이 모든 사람을 순종하지 아니하는 가운데 가두어 두심은 모든 사람에게 긍휼을 베풀러 하심이로다"라고 했다(로마서 11:32). 왜냐하면 하나님 아버지는 유일한 희망의 하나님이시기에 그분의 독생자가 되셨고, 성육신하셨고, 십자가에 죽으셨고, 부활하셨고, 다스리시고 다시 오실 나사렛 예수 역시 희망의 사자(使者)요, 수단이며, 중보자이시기 때문이다. 진리와 선 그리고 아름다움의 근원 이신 하나님 자신이 그리스도를 통해서 주시는 영원한 생명을 우리가 신앙하고 희망하며 사랑하며 받으려고 할 때, 그분은 모든 인간의 진정한 멘토가 되신다. 우리는 이러한 사실을 여러 신앙인의 증언에서 찾아볼 수 있다. 진리와 선, 그리고 아름다움의 근원 이신 하나님 자신이 그리스도를 통해서 주시는 영원한 생명을 우리가 신앙하고 희망하며 사랑하며 받으려고 할 때, 그분은 모든 인간의 진정한 멘토가 되신다.

우리는 이러한 사실을 여러 신앙인의 증언에서 찾아볼 수 있다. 프리마돈나 김영미는 주위 사람들로부터 "대체 코치가 누구인가"라는 질문을 받으면 그녀는 하늘을 가리키며 이렇게 대답하였다. "코치요? 저 위에 계세요." 1995년, 일본 도쿄에서 오페라 〈라 트라비아타〉 공연을 준비할 때였다. 부르기 어려운 노래가 아니었는데, 그녀는 독창하는 부분에서 표현이 제대로 되지 않았다. 아무리 노력해도 죽어가는 여자의 절절한 감정을 잘 살릴 수가 없었다.

그날 밤, 그녀는 호텔 방에서 무릎을 꿇고 하나님께 간절히 기도하며 도우심을 간구하였다. 다음 날 최종 리허설 때, 자기의 입에서 독창곡이 흘러나오는 순간 소름이 끼쳤다. 병들어 죽어가는 여인의 애절한 감정이 노래 구절마다 절절히 베어나왔기 때문이다. 눈물이 절로 흘러내렸다. "내가 그간 기도를 안 했구나. 하나님이 이것까지도 도와주시는 데…"

자신의 힘으로 노래해 보려고 했던 모습이 부끄러웠다. 이후로, 그녀는 노래하기 전에 항상 무릎을 꿇는다. "하나님, 제 감정과 기교만으로 부족합니다. 오늘도 제 코치가 되어 주십시오." 자신의 노력으로 성공한 사람은 자신이 '대가'(大家)라 생각한다. 그러나 진정한 대가는 하나님의 인도하심을 믿을 때다. 최상의 아름다움을 이룰 수 있는 창조주 하나님뿐임을 믿을 때 희망을 얻기 때문이다. 무엇보다 하나님의 말씀인 성경은 창세기

세계적인 성악가, 프리마돈나 김영미

(Genesis)로부터 요한계시록(Revelation)에 이르기까지 인간의 영원한 멘토가 되시는 하나님을 통해 삶에 희망을 주는 책이다.

신앙과 희망

신앙은 세상에서 도피하지 않고 미래를 열망한다. 믿는다는 것은 실로 한계선을 넘어가는 것이며, 초월한다는 것과 탈출한다는 것을 의미하기도 한다. 오직 고통과 죄악, 그리고 죽음으로 둘러싸여 있는 생명의 한계선이 실제로 무너질 때 신앙은 그것들을 넘어갈 수 있다. 오직 하나님에게 버림받아 고통을 당하고 죽은 현실과 무덤으로부터 부활하신 예수 그리스도를 뒤따를 때 신앙은 더 이상 억압이 없는 열린 마당, 자유와 기쁨을 바라볼 수 있다. 그래서 신약 성경에서 신앙을 희망의 관점에서 정의하고 있다(히브리서 11:1).

신앙으로 희망은 인간들이 기쁨으로 미래를 바랄 수 있게 해주는 보증된 기대이다. 희망은 진실로 기독교 신앙의 위대한 주제이며, 하나님이 인간에게 주신 최고의 선물이다. 쇠렌 키에르케고르(Soren Kierkegaard, 1813~1855)는 신앙을 통한 희망에 대하여, "가능한 것을 향한 열정이다"라고 했다. 이러한 희망 때문에 불붙기 시작한 희망은 막힌 현실을 넘어오는 열린 지평을 인식한다. 그래서 신앙은 인간을 예수 그리스도에게 매어준다. 성경에서 예수님은 신앙의 중요성을 강조하셨다. 마가복음 2장을 보면, 예수님은 가버나움에서 중풍 병자를 치료하실 때 그와 그를 데리고 나온 친구들의 신앙을 보시고, 그 중풍 병자의 병을 고쳐주셨다(마가복음 2:5).

　백부장은 예수님에게 자신의 하인이 병들었으니 고쳐 달라고 간구했을 때, 그가 예수님이 자기의 집에 오시지 않고 말씀만 하셔도 하인이 나을 것이라는 신앙을 고백했다. 그러자 예수님은 그의 신앙의 고백에 놀라시면서 하인의 병을 고쳐주셨다(마태복음 8:10). 예수님은 산을 움직일 때도 산을 명하여 바다에 던져지라고 하고 그것이 이루어질 것을 믿고, 마음에 의심하지 않으면 그대로 된다고 말씀하셨다(마가복음 11:23). 예수님은 신앙을 통한 희망으로 살아야 할 중요성을 말씀하신다.

　신앙으로 희망은 예수 그리스도의 위대한 미래를 향해 자신을 열게 한다. 그러므로 희망은 신앙과 떨어질 수 없는 동반자(同伴者)와 같은 것이다. 신앙은 하나님이 참되시다는 것을 확신한다. 신앙은 그분이 우리의 아버지가 되심을 확신한다. 신앙은 인간에게 영생이 주어졌음을 확신한다. 만약 신앙을 통한 예수 그리스도에 대한 인식이 전혀 없다면, 희망은 허공에 있는 유토피아적 희망이 되고 마는 것이다. 만약 희망이 없다면, 신앙은 무너지게 되고 작은 신앙이 되며, 결국 죽은 신앙이 되고 만다.

　이처럼 예수 그리스도에 대한 신앙은 희망을 확신으로 만든다. 이 희망으로 인해 예수 그리스도에 대한 신앙을 넓혀주며, 신앙을 일상 속으로 이끌어 들인다. 기독교의 신앙은 미리 취한 희망 가운데서 십자가에서 죽으시고 부활하신 예수 그리스도로 말미암아 무너진 그 한계선을 넘어간다는 것을 뜻한다. 예수 그리스도의 부활안에서 희망을 인식하는 것은 하늘의 영원이 아니라 그의 십자가가 서 있는 이 땅의 미래이다. 그러므로 인류에게 십자가는 이 땅의 희망이다. 희망하는 자에게 예수 그리스도는 단지 고난 가운데서 누리는 위안일 뿐만 아니라 고난에 맞서는 하나님에 대한 약속의 저항이기도 하다.

이에 따라, 신앙인의 정체성은 희망의 사람이기도 하다. 신앙인의 희망은 하나님의 약속이 실현될 것을 미리 내다보는 신앙이다. 이것은 마치 기독교의 장례식에서 "우리 주 예수 그리스도를 통하여 얻는 영원한 생명의 부활이라는 확실하고도 분명한 희망 안에서" 시신을 땅에 묻는 것과 같은 것이다. 낙관주의(Optimism)가 보장 없는 바람이라면, 신앙을 통한 희망은 하나님이 보장하신 확실한 것이다. 신앙인에게 있어 신앙을 통한 희망은 일상의 삶과 희망이 없는 모든 순간에도 하나님이 친히 주신 확실한 약속을 근거로 가장 좋은 것이 올 것이라는 앎을 표현한 것이다. 그래서 신앙인들은 신앙을 통한 희망을 진리로 말할 수 있는 것이다.

바울은 이 신앙을 통한 희망을 실현하기 위해 문화를 초월하여 선교여행과 복음 전도를 했던 지칠 줄 모르는 개척자(開拓者)였다. 하나님의 계획이 실현되는 것을 보려는 희망에 그는 임무를 수행함에 결코 게으름 피지 않았다. 오히려 그러한 희망은 계속해서 바울에게 힘을 공급해 주었다(빌립보서 3:12-14). 영적인 생활과 사역에서 바울의 희망은 자기 자신에게 도움이 되었다. 마치 운동선수들이 역기를 들고 훈련하는 것처럼 육체적으로 유익이 된다. 희망은 힘을 줄 뿐 아니라 능력을 향상토록 해준다. 그래서 현대인은 반드시 희망을 품어야 한다. 희망은 현대인으로 하여 성취해야 할 다음 단계로 전진할 수 있도록 이끌어 주는 것이다.

기독교 신앙의 최우선 과제는 절망에 처해 있는 자에게 희망을 안내하는 데 있다. 희망은 신앙과 소망(희망), 그리고 사랑이라는 기독교의 3대 덕목의 하나로서 그 시대 시대마다 사람들에게 삶의 의미와 본질이 무엇인지에 대해 교훈해 왔다. 이러한 희망은 결코 관념적(ideal)이거나 형이상학적(metaphysical) 개념이 아니다. 단순히 미래에 대한 막연한 기대를 표현하는 개념도 아니다. 희망은 하나님을 표현하는 통적전(holistic)이며, 구체적(concrete)이라도 실제적인(practical) 개념을 담고 있다.

희망은 하나님을 이해할 수 있는 핵심 단서일 뿐만 아니라 그분의 세계를 표현하고자 하는 4차원적인 언어이다. 하나님은 인간에게 있어서 희망을 신앙의 관점에서 꿈꾸고, 생각하고, 말씀해 오셨다. 그래서 기독교 고유의 주제인 희망은 다시금 이 시대의 아픔과 슬픔을 아우를 수 있다는 것이다. 희망은 무엇보다 삼위일체 하나님의 소원이다. 삼위일체 하나님을 믿는 신앙은 어떠한 절망적인 상황에서도 희망일 수밖에 없다. 그래서 약할 때 강함을 주시는 하나님은 모든 현대인(Modern Man)이 신앙을 통해 행복한 희망인이 되기를 소원하신다.

하나님 나라와 희망

하나님은 절대 절망에 처한 인간을 그대로 버려두지 않으시고, 십자가를 통한 구원과 희망의 길을 예비해 두셨다. 예수 그리스도는 이 세상에 오셔서 십자가를 지시고, 모든 인류를 위하여 죽으시고 부활하심으로 희망의 살길을 열어 두신 것이다(히브리서 10:20). 예수님은 인간으로서 사역하시던 기간에 선포하셨던 주제가 바로 하나님 나라였다. 예수님은 당시 모든 족속이라고 할 수 있는 현대인들을 제자로 만들기 위해서 하나님 나라를 통한 희망의 메시지를 선포하셨다(마태복음 4:17).

하나님 나라는 모든 인간이 희망할 만한 궁극적 세계이다. 이로써 그 속에서 인간 존재의 모든 측면을 아우르는 전인(全人) 구원이 실재적으로 우리 현실에서 이루어지며, 또한 상징적으로 미래에 더욱 완전하게 이루어질 하나님의 다스리심을 의미한다. 하나님 나라는 성경의 주된 메시지이다. 그뿐만 아니라 하나님 나라는 기독교 신앙의 중심 주제가 된다. 예수 그리스도의 최초 선포는 '하나님 나라'(βασιλεια του θεου)였다(마가복음 1:15). 이처럼 하나님 나라는 하나님의 의지와 계획, 그리고 인류의 구원에 대한 하나님의 사랑이 총체적으로 다루어지는 개념이다.

이러한 관점에서 하나님 나라는 인류의 궁극적이고도 총체적 희망의 대상인 것이다. 하나님 나라는 이미 그리스도를 믿는 이들에게 이루어진 구원의 현실로서 현재의 하나님 나라와 아직 실현되지 않았으나 미래에 완전히 실현될 구원의 이상으로서 종말론적 하나님 나라의 두 가지 속성이 있다. 이러한 하나님 나라는 '이미'(already)와 '아직'(not yet)의 긴장 국면에 있다. 그래서 하나님 나라는 두 가지 측면을 총체적으로 인식해야 한다. 하지만 한국교회는 하나님 나라를 이해하는 데 있어 종말론적 측면에 치우친 경향이 있다.

감리교신학대학교 종교사회학 교수였던 이원규는 한국교회의 문제점을, "너무도 고상한 거룩한 하늘 신앙에만 집착해 있다"라고 지적하였다. 하나님 나라는 반드시 인간이 죽어야만 체험할 수 있는 것이 아니다. 인간은 여기서(here)와, 지금(new)이라는 하나님 나라의 현재성의 중요성을 경험할 수 있다. 이것에 대한 신약성경의 입장은 마태복음 12장 28절과 누가복음 17장 21절에서 입증되고 있다.

다시 말해, 예수님은 하나님 나라의 현재성 측면을 성령에 힘입어 귀신을 쫓아내신 것과 하나님 나라가 너희 안에 거함으로 묘사하셨다. 하나님 나라의 현재성 측면은 교회의 세속적 신앙을 부추긴다는 이유로 인해 한국교회들이 거의 무시해 왔다. 이 땅에서 영혼의 잘됨에 관련된 일 외에 범사의 잘됨과 육체의 강건함을 구하는 것은 세속적인 것이 아니라 전인적인 구원에 있어서 하나님 나라에 대한 균형 잡힌 인식의 바탕에서 비롯된 하나님 나라의 희망이다.

말기 암에 걸려 절망하던 여인이 있었다. 오래전에 남편을 잃고, 친정도 시댁도 없는 천애 고아 같은 여인에게 7살짜리 딸이 있었다. 그녀는 절망 속에서 조금이라도 위안을 얻을까 하고 교회를 찾았다. 하지만 몸은 점점 피폐해졌고, 자신이 떠난 뒤 홀로 남겨질 딸을 생각하면 가슴이 무너져 내렸다. 몸은 점점 더 쇠약해져 그녀는 이제 삶이 얼마 남지 않았음을 직감하였다. 그래서 할 수 없이 성경 공부를 함께 하던 집사님에게 딸을 입양 시설로 보내는 문제에 대해 의논하기 시작했다. 그 이야기를 들은 집사님은 그 모녀를 생각하며, 가슴을 치며 기도했다. "하나님, 어떻게 하면 좋겠습니까?"

그러다 교회로 부탁하여 입양할 사람을 예배 시간에 광고했다. 그런데 그날 저녁에 연락이 왔다. 세 딸을 둔 부목사 사모가 남편과 의논한 후, 그 아이를 입양하겠다는 것이다. 자기의 딸이 그 여인의 딸과 유치원 친구였다. 그래서 그 부목사 가정은 딸이 넷이 되었다. 엄마가 환자로 병원에 오래 있어 보니 먹을 것도 제대로 먹지 못하던 아이는 그렇게 친구네 집에 입양되었다. 그리고 그 여인은 자매들끼리 살게 되어 너무 행복해하는 모습을 보았다. 그렇게 딸을 입양 보내고 며칠 안 되어 여인은 샘물 호스피스로 자리를 옮겼다. 그리고 삶과 죽음에 대한 성경적 신앙을 확인하게 되었다. 며칠 후, 그녀는 부활의 희망을 안고, 천국(하나님 나라)에서 다시 만나자는 인사와 함께 환한 미소를 지으며, 숨을 거두었다. 여인은 숨지기 얼마 전에 집사님에게 이런 고백을 했다. "내가 혹시 건강을 회복해서 낫는다 해도, 내 딸은 그냥 목사님 댁에서 자랐으면 좋겠어요. 너무 행복해요. 천국(하나님 나라)에서 만나요."

하나님 나라는 결코 죽은 후에 가는 것이 아니다. 하나님 나라에 가기 위해서는 오늘을 포기하거나 헛되게 허비해야 하는 것도 아니다. 오히려 하나님 나라는 앞으로 완전히 이루어질 미래에 하나님의 다스리심을 고대하면서 이미 우리의 삶에서 누리는 하나님의 다스리심을 누림으로써 오늘을 알차게 사는 에너지를 공급받는 동력이다. 하나님 나라에 대한 희망은 이 땅 위에서 의미 있게 살아갈 목적과 삶의 에너지가 된다. 미래에 대한 복된 희망은 오늘을 사는 현대인들에게 구체적인 능력이다.

독일의 개신교 신학자이자, 튀빙겐대학교(Tübingen University) 명예교수였던 위르겐 몰트만(Jürgen Moltmann, 1926~2024)은 신비스러운 하나님 나라의 의미를, "하나님 나라가 본래 무엇인지를 알고자 한다면, 예수를 바라보아야 한다. 다른 한편으로 우리가 예수가 본래 누구인지를 이해하려고 한다면, 하나님 나라를 경험해 보아야 한다"라고 했다. 이러한 희망의 목적은 하나님 나라다. 하나님 나라를 선택하는 것이 가장 소중한 목적이다. 그래서 하나님 나라는 밭에 묻혀 있는 보물에 비길 수 있다. 그 보물을 찾아낸 사람은 그것을 다시 묻어주고 기뻐하며 돌아가서 있는 것을 모두 팔아 그 밭을 산다는 것을 알 수 있다(마태복음 13:44). 하나님은 모든 사람의 궁극적 목적지로서 전망이 하나님 나라이다.

우리는 앞서 나는 어디로 가는가에 대하여 살펴보았다. 불교에서 죽음은 삶이다. 삶과 죽음을 동전의 양면과도 같다고 본다. 원불교에서 죽음은 새로운 시작이다. 잘 죽어야 잘 살고 잘 살아야 잘 죽는다고 했다. 삶과 죽음은 이어져 있다고 본다. 기독교에서 죽음은 새 삶이다. 죽음은 새로운 어떤 세계로 나아 가는 통과의례라고 본다.

마치 이사와도 같은 것이다. 우리가 이사 갈 때 두려움에 떨지 않는 것처럼, 막무가내로 갈 수 있는 것도 아니다. 시기가 되어서 자연스럽게 이사 가는 것처럼, 그런 마음으로 죽음을 바라보라는 것이다. 요즘 기독교에서는 장례 예배라는 말 대신 천국 환송 예배라는 말을 사용한다. 조금은 더 많이 마음이 놓이고 유쾌하지 않을까?

영국의 소설가이자, 캠브리지대학교에서 철학과 르네상스 문학을 가르쳤던 C. S. 루이스(C. S. Lewis, 1898~1963)는 영원한 삶의 무구한 희망에 대하여, "그 후에 일어난 일들은 너무나 위대하고 아름다워서 필설로 형언할 수 없다. 우리에겐 이것으로 끝이지만, 그들은 그 후로도 행복하게 잘 살았다. 이 땅에서 살았던 그들의 삶은 책의 겉표지와 제목에 불과하다. 이제 그들은 위대한 이야기의 첫 장을 이제 막 시작하려 한다. 이 땅에 사는 사람 중에 아직 그 이야기를 읽어 본 사람이 없다. 그 이야기는 영원히 이어진다. 새로운 장이 시작될 때마다 이전 장보다 더 멋진 이야기가 펼쳐진다"라고 했다.

어디로 가야 하는 인간은 영원한 희망을 주는 하나님 없이는 만족할 수 없도록 창조되었다. 인간은 좋으신 하나님과의 관계 안에서 존재의 의미를 찾을 수 있다. 유일하게 스스로 존재하시는 분이요 변하지 않는 단 하나의 절대좌표 이신 하나님에게 시선을 고정할 때, 인간은 희망의 자리를 찾을 수 있다. 신앙인은 하나님에게로 가기 위해 나를 향한 주님의 뜻을 묻고, 그 뜻을 이루어 가는 것이 진정으로 잘 사는 희망일 것이다. 신앙인은 절망스러운 고난 가운데서도 새로운 하나님의 은혜를 기대하며 희망을 잃지 말아야 한다. 신앙인은 역경 속에서도 나는 어디로 가는지가 분명하기에 희망을 잃지 않는다. 신앙인은 하나님을 주님으로 섬기며, 이웃을 위해 살면 그분의 힘과 능력을 누릴 수 있을 것이다.

토의를 위한 질문

1. 죽음과 내세를 어떻게 생각하는가?

2. 성경에서 말하는 종말에 대해 말해보자.

3. 신앙인의 관점에서 나의 희망은 무엇인가?

참고문헌

김기석. 『고백의 언어들』. 서울: 복있는사람, 2024.

김영이. 『프리마돈나 김영미처럼』. 서울: 비전과리더십, 2010.

김진 외 3인. 『종교는 달라도 인생의 고민은 같다』. 서울: 불광출판사, 2024.

김진태. 『하나님의 무브먼트』. 서울: 코디엠, 2024.

김형석. 『교회 밖 하나님 나라』. 서울: 두란노, 2019.

고은 외 11인. 『어떻게 살 것인가』. 서울: 21세기북스, 2015.

도현명, 심센터. 『소심 청년, 소명을 만나다』. 서울: 토기장이, 2019.

목창균. 『종말론 논쟁』. 서울: 두란노, 1998.

서정오. 『목마른 인생』. 서울: 두란노, 2014.

성기호. 『알기 쉬운 신학 에센스』. 서울: 코디엠, 2022.

이복규. 『기독교 이해의 길잡이』. 서울: 새물결플러스, 2023.

이수환. 『인문학으로 기독교 톺아보기』. 서울: 세움북스, 2020.

이수환. 『카페지기 신학박사의 인문학 토크』. 양주: 드림북, 2023.

Christopher Rowland. *Christian Origins*. London: SPCK, 1994.

C. S. Lewis. 『순전한 기독교』. 장경철. 서울: 홍성사, 2018.

C. S. Lewis, *The Last Battle*. New York: Macmillan, 1956.

David A. Seamands. *Healing for Damaged Emotions*. Colorado Springs: David C. Cook, 2015.

James I. Packer. 『소망』. 김기호 역. 서울: IVP, 2003.

John Bright. *The Kingdom God*. Nashville: Abingdon Press, 1981.

N. T. Wright. *The Society for Promoting Christian Knowledge 36 Causton Street*. London, SWIP, 2003.

Paul R. Williamson. *Death and the Afterlife*. London: IVP, 2017.

신앙의 언어들

초판 1쇄 발행 2025년 09월 20일

지은이 이수환
펴낸이 민상기
편집장 이숙희
편집자 민경훈

펴낸곳 도서출판 드림북
인쇄소 예림인쇄 **제책** 예림바운딩
총판 하늘유통

·**등록번호** 제 65 호 **등록일자** 2002. 11. 25.
·경기도 양주시 광적면 부흥로 847 경기벤처센터 220호
·Tel (031)829-7722, Fax(031)829-7723

·잘못된 책은 교환해 드립니다.
·이 출판물은 저작권법에 의해 보호를 받는 저작물이므로 무단 복제할 수 없습니다.
·독자의 의견을 기다립니다.
·드림북은 항상 하나님께 드리는 책, 꿈을 주는 책을 만들어 갑니다.